Hausmarke

DR. CHRISTINA REMPE **MIT REZEPTEN VON HELMUT GOTE**

Hausmarke

Wie man beliebte Lebensmittel
gesund und viel leckerer selbst macht

Illustrationen von Kay Bach

Ein paar Worte vorab …

DR. CHRISTINA REMPE

Dr. jur. Christina Rempe ist staatlich geprüfte Lebensmittelchemikerin und Fachjournalistin für Lebensmittelrecht.

„Iss nichts, was deine Großmutter nicht kannte." Oder: „Misstraue Lebensmitteln mit mehr als fünf Zutaten." Volksweisheiten wie diese wollen vereinfachen, wo uns die Komplexität der Materie längst an unsere Grenzen gebracht hat.

Denn wer kann schon beim alltäglichen Einkauf Zutatenlisten studieren und sich auf all die dort genannten einen schlüssigen Reim machen? Was macht das Glycerin im Kuchen? Oder Curcuma im Kartoffelpüree? Und warum kommt kaum ein Industrieprodukt ohne Emulgator aus?

Tatsächlich haben Industrierezepturen mit dem Erfahrungsschatz traditioneller Kochbücher nicht viel gemein. Das überrascht auch wenig, rückt allerdings das Lebensmittelmarketing mit seinen idealisierenden Bildern und Werbebotschaften in ein zwiespältiges Licht. Zumal es doch ureigener Zweck der industriellen Entwicklung ist, technisch zu optimieren – im Hinblick auf Produktionsmengen und Kosten, die Haltbarkeit der Produkte, ihre Optik und natürlich auch ihren Geschmack. Wie aber können derart hergestellte Lebensmittel gleichzeitig „so gut wie selbst gekocht" und „aus rein natürlichen Zutaten" sein?

Kritikern dieser oft breiten Kluft zwischen Werbung und Wirklichkeit wird der Blick auf das Etikett empfohlen. Das Credo lautet: Wer einkauft, hat die Wahl, Fragen beantwortet das Etikett. Das aber stimmt nur zum Teil. Denn viele Packungsangaben geben Rätsel auf und wecken Skepsis. Denkanstöße und Antworten sollen – ohne Anspruch auf Vollständigkeit – die nachfolgenden Begleittexte zu Helmut Gotes Rezepten für typische Industrieprodukte geben. Ob Sie danach beruhigt zum Industrieprodukt oder doch lieber zum Kochlöffel greifen, das entscheiden Sie.

Ihre

Alltägliche Lebensmittel selbst zubereiten: Lohnt sich das denn? Diese Frage ist ganz einfach zu beantworten: Ja, es lohnt sich wirklich.

Nicht nur wegen der ganzen überflüssigen Zusatzstoffe, Geschmacksverstärker, Bindemittel usw., die bei der Produktion industrieller Lebensmittel eingesetzt werden müssen, damit sie massenhaft mit großen Maschinen hergestellt werden können. Beim Kochen zu Hause können Sie dagegen selbst bestimmen, welche Zutaten in Ihren Ketchup, Ihre Götterspeise oder in Ihr Knäckebrot kommen und welche nicht. Sie können selbst entscheiden, ob Ihr Zitronenkuchen lieber etwas süßer oder etwas zitroniger sein soll oder ob Ihr Kartoffelpüree noch einen Stich Butter mehr verträgt …

Darüber hinaus haben wir in diesem Buch einige Rezepte für Spezialitäten versammelt, von denen Sie vielleicht bisher gar nicht wussten, wie leicht es ist, sie selbst zu machen. Denn Senf anzurühren ist wesentlich einfacher, als man denkt, ebenso wie Sahne-Meerrettich oder Butterkekse. Bei Marshmallows macht es allein schon Spaß zuzusehen, wie aus Zucker und natürlichen Aromen eine schaumige Masse entsteht. Das ungläubige Staunen der anderen – wie, das hast du selbst gemacht? – sorgt zusätzlich für Vergnügen.

Eines ist uns allerdings noch wichtig: Es ist nicht Sinn unserer Rezepte, industrielle Lebensmittel zu kopieren. Wir wollen vielmehr, dass sie gesünder sind, dass sie so weit wie möglich aus ganz natürlichen Zutaten bestehen, und vor allem, dass sie auch besser schmecken.

Probieren Sie es doch einfach aus!

Ihr

HELMUT GOTE

Helmut Gote, geboren 1957, ist freier Journalist und Autor. Unter dem Titel „Einfach Gote" präsentiert er im WDR-Hörfunk und -Fernsehen seine besten Rezepte und Beiträge rund ums Kochen, Essen und Genießen.

Zum Selberessen fast zu schade!

Alle unsere Lebensmittel in diesem Buch eignen sich auch als nette Mitbringsel für Partys oder als überraschende Geschenke für jede Gelegenheit. Die meisten davon brauchen nur wenig Zeit und sind sehr einfach. Alle Rezepte haben wir selbstverständlich vorher ausprobiert und sorgfältig notiert.

ZIMTSTERNE
nach alter Tradition
DR. LECKER
APFELMUS
mit ganzen Stücken
ohne Zuckerzusatz
die volle Frucht
DR. LECKER
Sahne Bonbons
Markenbutter
DR. LECKER
Butterschmalz
zum Braten, Backen, Kochen und Frittieren
DR. LECKER
FRUCHT & JOGHURT
HIMBEERE
DR. LECKER
GEMÜSE FOND
Für delikate Suppen und Saucen
Gekörnte Brühe
GEMÜSE
nussinuss
SCHOKO-NUSS-CREME
DR. LECKER
KNÆKBRØD
KNÆKBRØD
MEHRKORN
DR. LECKER
OMA FRIEDELS
LEBERWURST
halbgrob
DR. LECKER
POMMES FRITES
1000 g e
KROSS und LECKER
DR. LECKER
AIOLI
Premiumqualität
DR. LECKER
BUTTERKEKS
JETZT

Inhalt

DR. LECKER
BUTTERKEKS
JETZT
mit noch mehr Butter
200 g e
BUTTERKEKSE
Glukosesirup
Emulgatoren
Aromen

Butterkekse

Hier ist Krümeln erwünscht

Bei den Butterkeksen ist der Name Programm: Nach allgemeiner Verkehrsauffassung enthalten Butterkekse auf 100 Teile Getreideerzeugnis mindestens zehn Teile Butter bzw. 8,2 Teile Butterreinfett, heißt es in den Leitsätzen für feine Backwaren. Dass die Industrie es hier gut mit ihren Kunden meint, belegt das Zutatenverzeichnis handelsüblicher Butterkekse: In der Regel finden sich darin weit über 10 Prozent Butter – allerdings kommt praktisch kein Produkt ohne Emulgatoren aus.

Emulgatoren: Gentechnik durch die Hintertür

Emulgatoren sind wahre Multitalente und entsprechend häufig in allen möglichen Fertigprodukten enthalten. Die eine Seite dieser Verbindungen liebt das Fett, die andere das Wasser – die kleinen technologischen Helfer können also jede Fett-Wasser-Mischung bestens stabilisieren. Auch für die Herstellung von Backwaren ist das System perfekt, insbesondere, wenn am Eigelb gespart wird, wie es bei den industriell erzeugten Butterkeksen oft der Fall ist. Da rangiert Volleipulver oft noch hinter den Emulgatoren und etwaig enthaltenen Aromen in der Zutatenliste – viel kann das also nicht sein. Emulgatoren übrigens können mithilfe der Gentechnik hergestellt worden sein, etwa aus gentechnisch verändertem Soja oder Mais. Kennzeichnungspflichtig wäre das auf dem Etikett nicht.

Mit Butter ist gut krümeln

Ein Grund mehr, selbst zum Kochlöffel zu greifen. Dabei sollte – selbst wenn in der privaten Küche alles erlaubt ist, was schmeckt – keinesfalls an der Butter gespart werden. Denn sie verleiht den Keksen nicht nur ein feines Aroma, sondern sorgt auch für ihre typisch krümelige Textur: Viel Fett verhindert ganz allgemein, dass das Mehleiweiß – genau genommen das Gluten – ein allzu ausdifferenziertes Netzwerk im Teig ausbildet. Das gelingt mit Butter aufgrund ihres hohen Gehalts an ungesättigten Fettsäuren besonders gut. Auch glutenarme Mehle sind für einen ausgemachten Krümeleffekt eine gute Wahl, Dinkelmehl zum Beispiel.

Vollkornbutterkekse

Bei Vollkornvarianten muss der Getreideanteil zu mindestens 90 Prozent aus Vollkorngetreideerzeugnissen bestehen. Sie enthalten ergänzend zum Zucker oft dunkelfärbenden Karamellsirup. Ein Schelm, der Böses dabei denkt.

Zucker

In den Industrieprodukten stecken viele verschiedene Zuckervarianten – vom klassischen Haushaltszucker über Invertzuckersirup bis zu Dextrose oder Honig. Über den Gesamtzuckergehalt informiert am besten die Nährwerttabelle, die auf den meisten Produkten angegeben ist.

ZUCKER
BACK
PULVER
MEHL

Butterkekse

Wenn wir schon Butter sagen, sollten wir auch genug Butter für den Keks nehmen …

Die kalte **Butter** in kleine Würfel schneiden. **Mehl** und **Backpulver** in einer Schüssel vermischen. Die Hälfte der Butter in die Rührschüssel der Küchenmaschine geben. Die Hälfte des **Salzes** und des **Zuckers** sowie den **Vanillezucker** darüberstreuen, dann das Mehl und ein **Ei** zugeben. Restliche Mengen **Butter, Salz, Zucker** und Mehl sowie das zweite **Ei** darübergeben.
Mit dem Knethaken des Rührgeräts bei mittlerer Geschwindigkeit so lange durchmischen, bis Streusel entstanden sind. Diese mit den Händen so schnell und kräftig wie möglich verkneten, bis ein relativ fester und gleichmäßiger, aber in sich immer noch brüchig-mürber Teig entstanden ist. Den Teig in Frischhaltefolie wickeln und 1 Stunde im Kühlschrank ruhen lassen.
Den Backofen auf 180 °C Ober-/Unterhitze vorheizen. Zwei Backbleche mit Backpapier auslegen. Den Teig auf einer **bemehlten** Arbeitsfläche ausrollen und mit einem großen Ausstecher mit den typischen Butterkekszacken die Kekse ausstechen und auf dem Blech verteilen.
Etwa 25 Minuten backen, bis die Kekse goldbraun sind. Aus dem Ofen nehmen, auf einem Kuchengitter auskühlen lassen und in einer luftdichten Dose aufbewahren.

Zutaten

für ca. 40 Kekse (ca. 6 cm Durchmesser und 0,5 cm Dicke)

200 g kalte Butter (siehe Seite 81)

350 g Weizenmehl (Type 550) plus etwas für die Arbeitsfläche

1 gestrichener TL Backpulver

1 gestrichener TL Meersalz

150 g Zucker

1 Päckchen Bourbon-Vanillezucker

2 Eier (Größe L)

Tipp

Et voilà: Für die göttliche bretonische Variante dieser leckeren deutschen Butterkekse die Butter durch 180 g französische Butter demi-sel, das Salz durch 5 g feines Meersalz und den Zucker durch 150 g Rohrzucker ersetzen.

Vom Feinsten
ZITRONE
Rührkuchen mit Zitronengeschmack
DR. LECKER
ZITRONE
Emulgatoren
Mono- und Diglyceride
Glukose-Fruktose-Sirup
Beta-Carotin
Feuchthaltemittel

Zitronenkuchen

Ein Paradebeispiel für die „Kunst“ der Aromatisierung
Damit Zitronenkuchen nach dem schmeckt, was sein Name verspricht, wartet die Industriebackstube mit einem breiten Spektrum möglicher Zutaten auf. Usus ist: Nicht allein echte Zitrone macht den Geschmack. Hier wird in aller Regel nachgeholfen – mit Aromen. Deren gesetzlich vorgeschriebene Bezeichnung folgt einer sehr eigenen Logik, die nicht ohne Weiteres erkennen lässt, welche Aromatypen der Natur eigentlich am nächsten kommen.

Natürlichkeit ist eine Frage der Definition
Aromen sind Mischungen aus Aromastoffen. Ein Aroma praktisch beliebiger Herstellungsweise und Herkunft darf laut Gesetz nach seinem Geschmack bezeichnet werden. Es heißt dann beispielsweise Zitronenaroma, aus der Zitrone stammt es aber keineswegs. Der Natur am nächsten kommen Aromaextrakte. Zitronenextrakt beispielsweise muss aus Zitronen gewonnen werden. Ein Aroma, das sich mit dem Attribut „natürlich“ schmückt, wird aus pflanzlichen, tierischen oder mikrobiologischen Ausgangsstoffen gewonnen. Diese müssen jedoch nicht zwingend Lebensmittel sein. Nur wenn auf ein Lebensmittel Bezug genommen wird, etwa „natürliches Zitronenaroma“, muss die Aromamischung überwiegend aus der Zitrone stammen. Zur Geschmacksabrundung sind bis zu 5 Prozent zitronenfremde Aromastoffe erlaubt.

Auch das Auge isst mit
Dass die vergleichsweise günstigen Fertigkuchen neben Aromen zusätzlich echte Zitronenbestandteile enthalten – etwa in Form von Saft oder Fruchtpulver –, dürfte kein Zufall sein. Denn Mühe – und die Kosten – lohnen durchaus. So rechtfertigt der Zusatz naturgetreue Fruchtabbildungen auf der Packung. Die Optik des Kuchens selbst peppen oft färbende Pflanzenextrakte wie Curcuma oder der als Farbstoff zugelassene Zusatzstoff Beta-Carotin auf: Das lässt an einen hohen Eigehalt denken, der schließlich als Qualitätsmerkmal gilt. Und die gelbe Farbe passt auch gut zur Zitrone.

Lagerung und Haltbarkeit
Selbst gebackene Rührkuchen lassen sich gut einfrieren. Bei Temperaturen von −18 °C können sie vier bis sechs Monate gelagert werden. Frisch zubereitet sind sie bei kühler, trockener Lagerung rund sieben Tage haltbar.

ZUCKER
MEHL
FEINE SPEISE STÄRKE
BACK PULVER

Zitronenkuchen

Innen nicht so gelb wie seine eingefärbten Verwandten aus dem Supermarktregal, aber wesentlich schöner und vor allem viel saftiger. Außerdem mit dem viel intensiveren Aroma der echten Zitrone.

Die **Butter** mit dem **Zucker** schaumig rühren, anschließend die **Eier** nacheinander einrühren und zum Schluss **Zitronenschale** und **-saft** unterrühren. **Speisestärke, Mehl, Backpulver** und **Salz** vermischen, zu den Zutaten in der Rührschüssel geben und alles zu einem geschmeidigen Teig verarbeiten.

Den Backofen auf 180 °C Ober-/Unterhitze vorheizen. Die Kastenform **fetten** und gleichmäßig mit **Mehl** bestäuben. Den Teig darin verteilen. Den Kuchen etwa 50 Minuten backen, dann die Stäbchenprobe machen: einen Spieß einstechen und wieder herausziehen. Wenn kein Teig daran haften bleibt, ist der Kuchen fertig.

15 Minuten in der Form abkühlen lassen, dann herausnehmen und vollständig auskühlen lassen.

Für die Glasur den **Puderzucker** mit dem **Zitronensaft** dickflüssig verrühren. Den Zitronenkuchen damit bepinseln und mindestens 2 Stunden trocknen lassen.

Zutaten

für 1 Kastenform mit 28 cm Länge

- 250 g weiche Butter (siehe Seite 81) plus etwas für die Form
- 250 g Zucker
- 4 Eier
- abgeriebene Schale und Saft von 1 Biozitrone
- 125 g Speisestärke
- 125 g Weizenmehl (Type 550) plus etwas für die Form
- 1 TL Backpulver
- ½ TL Meersalz

Für die Glasur

- 150 g Puderzucker
- Saft von 1 Zitrone

DR. LECKER
HOT
potatochips
Hefeextrakt
Aromen
Farbstoffe
Geschmacksverstärker

Kartoffelchips

Geschmack hat viele Gesichter

Ob mit klassischer Paprikanote, nach britischer Manier sauer-salzig oder individuell gewürzt mit Rosmarin, Schnittlauch oder gar im Currywurst-Style – die Geschmacksvarianten von Kartoffelchips kennen heute kaum Grenzen. Bei aller Experimentierfreude sind viele Hersteller darauf bedacht, ihren Produkten ein naturnahes Image zu verleihen: Anstelle grellbunter Aufmachungen leiten Packungen in gedeckten Farben, kombiniert mit Fantasienamen wie „Hofchips" auf dem Markt eine neue Ära ein: Natürlich soll die Ware sein. Doch der Verzicht auf zulassungspflichtige Zusatzstoffe im Zutatenverzeichnis erschwert auch die Produktinformation.

Geschmacksverstärker: die Natur als Vorbild

Ein Aufhänger in der Diskussion darüber, ob ein Lebensmittel das Label „natürlich" verdientermaßen trägt, ist der Zusatz von Geschmacksverstärkern. Chemisch betrachtet, verbirgt sich hinter dieser Sammelbezeichnung Glutaminsäure bzw. verschiedene Salze dieser Säure – die Glutamate. Diese isolierten Stoffe dürfen als Zusatzstoffe in fast allen Fertiggerichten, darunter auch Kartoffelchips, verwendet werden. Mit Ausnahme der Glutaminsäure sind sie selbst geschmacklos, verstärken aber den Eigengeschmack anderer Zutaten. Vorbild dieser Wirkung ist die Natur. Insbesondere Hartkäsesorten wie Parmesan, Tomaten und fermentierte Sojaprodukte weisen natürlicherweise hohe Glutamatgehalte auf.

In der Kontroverse: krank durch Glutamate

Immer wieder tauchen Meldungen über mögliche gesundheitliche Beeinträchtigungen durch Glutamate auf. Dass die Stoffe Diabetes, Adipositas oder Parkinson begünstigen, dafür fehlt es an wissenschaftlichen Belegen. Symptome wie Kopfschmerzen, Hautausschlag oder Übelkeit dagegen bessern sich bei einzelnen Konsumenten, wenn diese auf glutamatreiche Lebensmittel verzichten. Für sie sind klare Packungsinformationen enorm hilfreich. Verstecken sich dagegen zugesetzte Glutamate hinter Bezeichnungen wie Hefeextrakt, Zwiebelpulver oder Gewürzextrakt, fällt es schwer, die richtige Wahl zu treffen. Die Lösung: selbst machen, denn dann ist wirklich klar, was drin ist.

Stapelchips

Stapelchips haben nicht viel mit Kartoffelchips gemein. Sie werden aus einem Teig aus Kartoffelgranulat und Stärke gewonnen und sind meist aromatisiert.

Der Trick mit der Portion

Dass Kartoffelchips Kalorienbomben sind, zeigen die Nährwertangaben auf der Packung. Diese beziehen sich immer auf 100 g. Angaben pro Portion dürfen ergänzt werden. Deren Größe bestimmt der Hersteller. Mit Portiönchen von 30 g – das ist circa eine Handvoll – lässt sich der Nährwert der Knabberei leicht schönrechnen.

Glutamatherstellung

Glutamate können mithilfe gentechnisch veränderter Mikroorganismen (GMO) gewonnen werden. Auf dem Etikett gekennzeichnet werden muss der GMO-Einsatz in diesem Fall nicht.

MEER
SALZ
MEERSALZ
RAPS
ÖL

Kartoffelchips

Chips werden nach demselben Prinzip wie Pommes frites gemacht, da sie aber mehr Platz in der Fritteuse brauchen, muss man sich auf 500 g Kartoffeln begrenzen.

Die **Kartoffeln** schälen und in etwa 3 mm dicke Scheiben hobeln. Die Scheiben in einer großen Schüssel mit viel kaltem Wasser zweimal gründlich waschen. Mit einem großen, sauberen Geschirrtuch trocken tupfen.
Das **Rapsöl** auf 160 °C erhitzen und die Chips frittieren. Die Garzeiten sind erheblich kürzer als bei Pommes frites. Die Chips werden bereits nach 2–3 Minuten hellbraun. Den Korb aus dem Fett nehmen, schütteln und das Fett gut abtropfen lassen. Wenn die Chips völlig abgekühlt sind, die Fritteuse auf 190 °C erhitzen und die Chips zum zweiten Mal frittieren, bis sie gleichmäßig braun und knusprig sind. Das dauert beim zweiten Frittieren nicht länger.
Abtropfen lassen, **salzen** und sofort servieren.
Noch besser werden die Chips, wenn man sie nach dem ersten Frittieren 24 Stunden auf einem Küchenhandtuch ausgelegt trocknen lässt und dann wieder frittiert.

Zutaten

für ca. 500 g

500 g Kartoffeln
3 l Rapsöl
Meersalz

Die richtige Kartoffelsorte

Chips-Kartoffeln sollten reich an Stärke sein. So wird das Ergebnis schön knusprig. Zu hohe Zuckergehalte führen leicht zur Braunfärbung und zu einem bitteren Geschmack im Endprodukt. Sie begünstigen zudem die Bildung von gesundheitsschädlichem Acrylamid.

Zimtsorte ist nicht erkennbar

Zimt-„Hard User" sollten mit Ceylon-Zimt selbst backen

Zimtsterne

Beim Selbermachen haben Sie den Cumaringehalt in der Hand
Die Dosis macht das Gift. Diese alte Weisheit von Paracelsus hat heute an Aktualität nichts verloren. Nur: Um eine Dosis richtig einschätzen zu können, muss man wissen, wie viel eines potenziell gesundheitsschädlichen Stoffes in einem Produkt erwartet werden kann. Und genau das ist beim Cumarin, einem natürlicherweise in Zimt enthaltenen Aromastoff, gar nicht so einfach. Denn auf dem europäischen Markt sind insbesondere zwei Zimtarten vertreten: cumarinreiches Cassia-Zimt und Ceylon-Zimt, der lediglich Spuren von Cumarin enthält. Auf der Packung erkennbar ist die Zimtart jedoch meist nicht.

Cumarin: in größeren Mengen gesundheitsschädlich
Cumarin kam 2006 in die Schlagzeilen, nachdem die amtliche Lebensmittelüberwachung in zimthaltigen Lebensmitteln, insbesondere in Zimtsternen und Lebkuchen, Cumaringehalte feststellte, die weit über dem seinerzeit geltenden gesetzlichen Höchstwert lagen. Da der Stoff, im Übermaß verzehrt, Leber- und Nierenschäden auslösen kann, war die Aufregung natürlich groß. Seither ist viel passiert: Das EU-Aromenrecht wurde überarbeitet, wiederholte Prüfungen der amtlichen Lebensmittelüberwachungen zeigen, dass die Lebensmittelindustrie ihre Hausaufgaben gemacht hat und die gesetzlichen Höchstwerte in zimthaltigen Lebensmitteln in der Regel eingehalten werden.

Mit der richtigen Zimtart auf der sicheren Seite
Die Krux an der Sache aber ist: Zwar wird bei der Festlegung gesetzlicher Höchstwerte das Verzehrverhalten der Allgemeinbevölkerung berücksichtigt. Das allerdings kann nur einen Durchschnitt abbilden. Zumal Zimthaltiges heute längst nicht mehr allein auf die Weihnachtszeit abonniert ist, sondern das ganze Jahr über in Form von Frühstückscerealien, Milchdesserts, Fruchtaufstrichen und Gewürztees verzehrt wird. Da kann die Cumarinaufnahme von Zimtliebhabern durchaus kritische Höhen erreichen. Wer selbst zum Kochlöffel greift, hat die Sache in der Hand. Freilich bietet längst nicht jeder Supermarkt den praktisch cumarinfreien Ceylon-Zimt. Auch muss man dafür etwas tiefer in die Tasche greifen. Doch die Suche und die Kosten lohnen sich. Nicht nur gesundheitlich. Denn Ceylon-Zimt überzeugt mit seinem feinen, zurückhaltenden Aroma auch geschmacklich.

Einkaufstipp
Selbst beim reinen Gewürz steht oft nicht auf der Packung, ob es sich um Ceylon- oder Cassia-Zimt handelt. Kaufen Sie Zimt ungemahlen in Form von Stangen, sind die Unterschiede mit dem Auge erkennbar: Bei Cassia-Zimtstangen ist eine relativ dicke Rindenschicht zu einem Röllchen eingerollt. Ceylon-Zimtstangen bestehen aus mehreren feinen Rindenlagen, die zu einer Zimtstange gerollt sind.

Wie viel Cumarin ist zu viel?
Ein gesunder Erwachsener könnte sein Leben lang täglich 0,1 mg Cumarin pro Kilogramm Körpergewicht verzehren, ohne dass er mit gesundheitlichen Nachteilen rechnen müsste, so das Bundesinstitut für Risikobewertung. Cassia-Zimt hat einen durchschnittlichen Cumaringehalt von rund 3 g pro Kilogramm. Für eine 60-Kilo-Person wären also täglich 2 g Cassia-Zimt – das ist etwa 1 TL – das Limit. Für ein Kind ist die Höchstmenge schon bei rund ½ TL erreicht. Bei Ceylon-Zimt muss man gar nicht lange rechnen, denn bei ihm lässt sich Cumarin nur in Spuren nachweisen.

Die beste Qualität von Ceylon-Zimtstangen ist hellbraun und erinnert an gerolltes, trockenes Papier. Je dünner die Rindenstücke, umso feiner ist der Geschmack. Cassia-Zimtstangen sind wesentlich dicker und dunkler in der Farbe. Ihr Aroma ist kräftig mit einer teils bitteren Note.

Zimtsterne

Die gemahlenen **Mandeln** mit dem **Zimt,** dem **Vanillezucker** und dem **Salz** vermischen. Die **Eiweiße** mit dem **Zitronensaft** halbsteif schlagen, dann den **Zucker** nach und nach einrieseln lassen und die Eiweiße weiter zu steifem Schnee schlagen. Etwa 6 gehäufte EL Eischnee abnehmen und in den Kühlschrank stellen. Die Mandelmischung unter den restlichen Eischnee heben, diese Masse ebenfalls in den Kühlschrank stellen und 2 Stunden fest werden lassen.
Nun den Mandel-Eischnee-Teig zwischen zwei großen Bögen Backpapier möglichst gleichmäßig etwa 0,5 cm dick ausrollen und mit einem Förmchen möglichst viele Sterne ausstechen. Die Teigreste verkneten, wieder ausrollen und ausstechen, bis der Teig verbraucht ist. Den Backofen auf 150 °C Ober-/Unterhitze vorheizen. Zwei Backbleche mit Backpapier belegen und die Zimtsterne darauf verteilen, dann mit dem restlichen Eischnee bestreichen. Ein Backblech in den Ofen schieben und die Temperatur sofort auf 100 °C reduzieren. Die Zimtsterne 1,5 Stunden im Ofen trocknen. Mit dem zweiten Blech genauso verfahren. Die Zimtsterne in einer luftdichten Dose aufbewahren.

Zutaten

für 2 Backbleche/etwa 80 Stück

400 g gemahlene Mandeln
2 TL Ceylon-Zimt
2 Päckchen Bourbon-Vanillezucker
½ TL Meersalz
3 Eiweiß
1 TL frisch gepresster Zitronensaft
180 g Zucker

Tipp

Ob als Stange oder Pulver: Gewürze sollten stets dunkel, luftdicht und trocken gelagert werden, damit ihr Aroma möglichst lange erhalten bleibt.

Backpulvereinsatz schmälert das Aroma

Tomatenkonzentrat statt frischer Tomate

Würzige Käsezutaten überspielen fehlendes Aroma

Pizza Margherita

Als Industrievariante nur ein Schatten ihrer selbst
Rot wie Tomatensauce, weiß wie Mozzarella und grün wie frisches Basilikum – Pizza Margherita brilliert traditionell in den Nationalfarben Italiens. Mit der industriellen Massenproduktion allerdings hat der Pizzaklassiker einiges an Glanz eingebüßt: Würzige Käsesorten wie Edamer ergänzen – wenn nicht gar ersetzen – den typischen Mozzarella. Anstelle frischen Basilikums enthalten Tiefkühlpizzen oder küchenfertige Mischungen zur eigenen Weiterverarbeitung nicht näher definierte Kräuter- und Gewürzmischungen. Als Sattmacher für Eilige mag manche Industriepizza punkten können, echten kulinarischen Genuss dagegen garantiert nur die eigene Zubereitung mit frischen Zutaten – oder der Besuch beim Italiener.

Backpulver: wenn es schnell gehen soll
Wer nicht gleich zur Tiefkühlpizza greifen, sondern wenigstens ein Gefühl vom Selbermachen haben möchte, für den scheinen Pizzateigvormischungen oder küchenfertige Pizzaböden eine attraktive Variante zu sein. Doch das nur auf den ersten Blick. Denn: Enthalten die Produkte laut Zutatenliste nur Weizenmehl, eine Prise Salz und Zucker und eventuell Trockenhefe, ist das Selbermischen kaum aufwendiger. Zumal in der Regel ohnehin der Zusatz von frischer Hefe notwendig ist. Andere Fertigmischungen werden mit kurzen Zubereitungszeiten beworben. Sie enthalten dann als Triebmittel Backpulver, während man Hefe am Ende der Zutatenliste allenfalls als Alibizutat findet. Backpulver besteht aus Natron und einem Säuerungsmittel. In Gegenwart von Feuchtigkeit bildet sich blitzschnell gasförmiges Kohlendioxid, das für den nötigen Trieb im Teig sorgt. Die Idee ist also dieselbe wie bei der vergleichsweise langsamen Hefegärung. Doch Geschwindigkeit hat immer ihren Preis. Hier wird sie mit dem Aroma bezahlt.

Frische lässt sich nicht konservieren
Genauso kurz wie die Zutatenliste eines klassischen Pizzabodens ist die des Tomatenbelags. Zutaten wie Aromen, aber auch Gewürz- und Kräutermischungen versuchen da allenfalls das auszugleichen, was mangels Frische von Mozzarella und Basilikum im Fertigprodukt trotz noch so ausgefeilter Techniken nicht möglich ist. Und was die Tomate betrifft: Ob es sich dabei um rückverdünntes Tomatenkonzentrat oder frisch passierte Tomaten handelt, muss nicht in der Zutatenliste stehen.

Backen auf dem Pizzastein

Der Stein speichert die Hitze und überträgt sie optimal: direkt, gleichmäßig und schnell. So wird der Boden immer gleich knusprig und locker. Mit einem holzbefeuerten Steinofen kann er aber nicht mithalten, denn der sorgt mit seinen rund 300 °C für einen garantiert knusprigen Boden mit leichter Aschenote.

Tiefkühlpizzakonsum

Die erste Tiefkühlpizza kam 1970 auf den deutschen Markt. Seitdem steigen die Verkaufszahlen kontinuierlich. Knapp eine Tiefkühlpizza pro Monat verspeiste jeder Bundesbürger im Jahr 2013 im Durchschnitt.

TOMATEN PÜREE
BIO Mozzarella
BACKHEFE
BACKHEFE
MEHL
OLIVEN ÖL

Pizza Margherita

Eigentlich ist die Zubereitung eines Pizzateigs die einfachste Sache der Welt – sowohl was die Technik als auch was die Zutaten angeht. Fertig belegt, lässt sich auch die hausgemachte Pizza gut einfrieren. Aber warum sollte man sie nicht sofort backen und essen?

Für den Teigansatz das **Mehl** in eine Schüssel geben und in der Mitte eine Mulde formen. Die **Hefe** mit dem **Zucker** in die Mulde bröseln, 100 ml lauwarmes Wasser dazugießen und etwas **Mehl** darüberstäuben. Wenn die Hefe anfängt zu gären, alles mit weiteren 150 ml lauwarmem Wasser und dem **Salz** gründlich verkneten, bis ein geschmeidiger Teig entstanden ist, der sich noch leicht feucht anfühlt, aber nicht mehr klebt.
Abgedeckt gehen lassen, bis der Teig die doppelte Größe erreicht hat.
In dieser Zeit die pürierten **Tomaten** mit etwas **Olivenöl** vermischen, leicht **salzen** und **pfeffern.** Den **Mozzarella** in sehr dünne Scheiben schneiden. Das **Basilikum** waschen, trocken schütteln, die Blättchen abzupfen und grob schneiden.
Den Backofen auf 250 °C Ober-/Unterhitze vorheizen. Den Teig noch einmal gründlich durchkneten und auf die Größe der Formen bzw. des Blechs ausrollen. In die Formen oder auf das Blech legen und gleichmäßig mit dem Tomatenpüree bestreichen. Den Mozzarella darauf verteilen, das Basilikum darüberstreuen und mit etwas **Olivenöl** beträufeln.
Auf der untersten Schiene etwa 15 Minuten backen, bis der Teigrand schön braun geworden ist.

Zutaten
für 2 runde Pizzaformen (28 cm Durchmesser) oder ein Backofenblech

Für den Hefeteig

400 g Weizenmehl (Type 550)

½ Würfel frische Hefe (ca. 20 g)

1 Prise Zucker

2 TL Salz

Für den Belag

250 g pürierte Tomaten (aus dem Glas)

Olivenöl

Meersalz

frisch gemahlener schwarzer Pfeffer

200 g Biomozzarella

1 großes Bund frisches Basilikum

Malzextrakt

Säuerungsmittel

Zugesetzte Enzyme sind nicht kennzeichnungspflichtig

Knäckebrot

Leichter Genuss leicht gemacht

Knäckebrot selbst zu backen, ist so leicht wie das knusprige Brot selbst. Dank seiner langen Haltbarkeit können gleich mehrere Portionen und Varianten auf einmal hergestellt werden. Da bietet das Industrieprodukt keine erkennbaren Vorteile. Zumal hier – wie so oft – genau hingeschaut werden muss: Nicht alles, was leicht, knusprig und knackig daherkommt, ist echtes Knäckebrot.

Traditionszutaten und ihre möglichen Ergänzungen

Knäckebrot ist ein Trockenflachbrot aus Roggenvollkornmehl bzw. -schrot, dessen Teig mittels Hefe, Sauerteig oder – auf physikalische Weise – durch Lufteinschlag gelockert wird. Um die Hefegärung zu stimulieren, können dem Teig Malzprodukte zugesetzt werden oder anstelle von Natursauerteig Säuerungsmittel wie Milchsäure, Essigsäure, Weinsäure, Apfelsäure oder Zitronensäure Einsatz finden. Garantiert schnell, jedoch auf Kosten des Aromas, geht es mit Triebmitteln wie Natriumhydrogencarbonat. Im Knäckebrot sind sie selten enthalten, häufiger dagegen in anderen Trockenflachbroten, die durch Heißextrusion hergestellt werden. Die Heißextrusion ist eine maschinelle „Backtechnik", bei der durch abrupten Druckabfall das Wasser blitzschnell verdunstet, sodass ein knäckebrotähnlicher Biss entsteht. Knäckebrot darf sich ein solches Produkt allerdings nicht nennen.

Acrylamid: Hier ist Selbermachen ein zweischneidiges Schwert

Roggenmehle haben höhere Asparagingehalte als Weizenmehle und damit grundsätzlich ein höheres Acrylamid-Bildungspotenzial. Wer also beim Selbermachen in Sachen Acrylamid auf Nummer sicher gehen will, bevorzugt Weizenmehle. Kombiniert mit möglichst niedrigen Backtemperaturen – ca. 190 °C – kann die Bildung von Acrylamid minimiert werden. Verhindern lässt sie sich nicht. Hier hat die Industrie mehr Möglichkeiten: Durch Zusatz spezieller – nicht kennzeichnungspflichtiger – Enzyme kann sie bestimmte Parameter des Mehls so optimieren, dass weniger Acrylamid entsteht. Das ist im Ergebnis ohne Frage positiv, entfremdet aber den Produktcharakter. Die beste Variante für eine gesunde Ernährungsweise: ausgewogen essen. Wer Knäckebrot in Maßen genießt, braucht sich in Bezug auf Acrylamid keine Sorgen machen – sofern die Grundregel „Vergolden, nicht verkohlen!" beachtet wird.

Knusprigkeit reloaded

Ist Knäckebrot wegen falscher Lagerung zäh und pappig geworden, kann man es durch Toasten wieder knusprig machen.

Acrylamid

Das fertige Gebäck sollte nicht im Ofen ausgetrocknet werden, denn das fördert die Bildung von Acrylamid.

SPEISE ÖL
MILCH
Haferflocken FEIN
BACKHEFE
VOLLKORN WEIZEN MEHL

Knäckebrot

Beide Varianten sind lecker, aber die langsame Version entwickelt aufgrund der Hefe mehr getreidige Würze und geht etwas luftiger auf, was den krachend-knusprigen Biss noch attraktiver macht. Sesam könnte man natürlich auch dazufügen.

Die schnelle Version: Sesamknäcke

Zutaten
für 2 Bleche

- 150 g Vollkorn-Weizenmehl
- 150 g feine Haferflocken
- 10 g Meersalz
- 20 ml Öl
- 50 g Sesamsamen

Alle Zutaten mit 500 ml Wasser gründlich vermischen und 30 Minuten quellen lassen.
Den Backofen auf 200 °C Ober-/Unterhitze vorheizen. Zwei Backbleche mit Backpapier auslegen und die Teigmasse gleichmäßig darauf verstreichen.
Das erste Backblech einschieben und das Knäcke 20 Minuten backen.
Das Blech kurz herausnehmen, den Teig in quadratische Stücke schneiden und das Knäcke weitere 30 Minuten fertig backen. Mit dem zweiten Blech ebenso verfahren.
Vollständig auskühlen lassen und in Blechdosen aufbewahren

Die aufwendigere Version: Vollkornknäcke

Zutaten
für 2 Bleche

Für den Hefeansatz

- 10 g frische Hefe
- 250 g Weizenmehl (Type 550)

Für den Teig

- 10 g frische Hefe
- 250 g Hefeansatz (s. o.)
- 300 g Vollkorn-Weizenmehl plus etwas für die Arbeitsfläche
- 100 g feine Haferflocken
- 10 g Meersalz
- 200 ml Milch

Für den Hefeansatz die **Hefe** zerbröseln, mit 100 ml lauwarmem Wasser vermischen und 10 Minuten stehen lassen. Kurz durchrühren, damit die Hefe sich ganz auflöst, dann portionsweise mit den Knethaken eines Rührgeräts nochmals 150 ml lauwarmes Wasser und das **Mehl** einarbeiten, bis ein klebrig-elastischer Teig entstanden ist. Diesen Hefeansatz in eine große Schüssel geben, mit Frischhaltefolie luftdicht abdecken und die Schüssel 48 Stunden an den kühlsten Ort der Wohnung stellen, damit der Ansatz richtig durchgären kann.
Für den Teig **alle Zutaten** gründlich verkneten, bis ein leicht feuchter, elastischer Hefeteig entstanden ist. Zugedeckt ca. 1 Stunde gehen lassen, bis sich das Volumen fast verdoppelt hat. Noch einmal durchkneten und den Teig halbieren.
Jede Teighälfte auf einer mit **Mehl** bestreuten Arbeitsfläche auf die Größe eines Backblechs ausrollen und auf ein mit Backpapier ausgelegtes Backblech legen. Nochmals abgedeckt 30 Minuten gehen lassen.
Den Backofen auf 200 °C Ober-/Unterhitze vorheizen.
Das erste Backblech einschieben und das Knäcke 20 Minuten backen. Das Blech kurz herausnehmen, den Teig in quadratische Stücke schneiden und das Knäcke weitere 30 Minuten fertig backen. Mit dem zweiten Blech ebenso verfahren. Vollständig auskühlen lassen und in Blechdosen aufbewahren.

Tipp

Luftdicht verpackt, behält Knäckebrot mehrere Monate seine knackige Frische. Wichtig: Das fertige Brot muss vor dem Verpacken vollständig auskühlen.

DR. LECKER
Sonntagsbrötchen
Emulgatoren sind im Industrieprodukt Standard
Zugesetzte Enzyme sind nicht kennzeichnungspflichtig
Wahre Frische gibt es (fast) nur aus dem eigenen Backofen

Brötchen

Den besten Riecher hat, wer selbst backt

Brötchenduft ist längst keine Garantie mehr für handwerkliche Backkunst. Vorverpackt, wahlweise als Tiefkühlware, gibt es fertige Brötchen in praktisch jedem Supermarkt. Einige Discounter werben sogar damit, vor Ort frisch zu backen. In sogenannten Backautomaten. Ob das allerdings Backen im herkömmlichen Sinn ist oder doch eher ein Aufwärmen fertiger Industriebrötchen, darüber gehen die Meinungen auseinander. Die Masche allerdings zieht durchaus. Schließlich ist der Duft frischer Brötchen unwiderstehlich – auch in der eigenen Küche. Der Vorteil dort: Es ist wirklich klar, was in den Brötchen steckt. Denn das ist bei Fertigware nur zum Teil erkennbar.

Emulgatoren: fast immer am industriellen Knethaken

Mehl, Wasser, Hefe und Salz – mehr Zutaten brauchen Brötchen eigentlich nicht. Die weitaus aufwendigere Rezeptur der Industrieware ist nichts anderes als ein billiges Tauschgeschäft mit dem Faktor Zeit und den Unwägbarkeiten der Natur. Natürliche Qualitätsunterschiede der Rohstoffe Mehl und Hefe werden im Handwerk vor allem durch individuell angepasste Knet- und Gärzeiten ausgeglichen. In der Massenproduktion erledigen das zum Beispiel Emulgatoren. Sie machen den Teig toleranter gegenüber solchen Schwankungen und vergrößern praktisch nebenbei auch noch das Volumen der fertigen Brötchen. Außerdem sorgen sie für eine feinporige Krume und verbessern die Gebäckfrischhaltung. Immerhin: Auf das Endprodukt technologisch wirksame Zusatzstoffe müssen in der Zutatenliste stehen. Was aber technologisch wirksam ist, hängt vom Einzelfall ab. Das heißt: Längst nicht immer ist erkennbar, ob Emulgatoren verwendet wurden oder nicht.

Enzyme: unsichtbare Hilfe aus dem Untergrund

Der Einsatz von Enzymen als Zusatzstoffalternative ist dagegen – noch – ein Rundum-sorglos-Paket für die Industrie. Enzyme sind natürlicherweise in vielen Lebensmitteln enthalten. Gezielt, teils mithilfe gentechnisch veränderter Mikroorganismen hergestellt, können auch sie in Brötchen beispielsweise das Gebäckvolumen erhöhen oder die Porung der Krume verbessern. Ob und welche Enzyme in der Backwarenherstellung verwendet werden, ist – für den Kunden – ein Buch mit sieben Siegeln. Denn kennzeichnungspflichtig sind die biotechnologischen Helfer bislang nicht. Das soll zwar bereits seit 2010 anders sein. Doch die Gesetzesmühlen mahlen bekanntermaßen langsam, sodass hier nach wie vor keine Klarheit herrscht.

Viel Zeit, viel Aroma

Durch längere Gärzeiten können sich mehr Aromastoffe ausbilden. Das wirkt sich positiv auf den Geschmack des Produkts aus.

Acrylamid

Brötchen zählen wegen ihres hohen Stärkeanteils zu den Kandidaten mit potenziell hohem Acrylamidgehalt. „Vergolden statt verkohlen" heißt deshalb beim Backen die Regel – dann entstehen auch keine gesundheitlich bedenklichen Mengen des erbgut- und nervenschädigenden Stoffes.

Schutzgas statt Konservierungsstoff

Ungekühlte Aufbackbrötchen sind in der Regel unter einem Gasgemisch aus Kohlendioxid und Stickstoff verpackt. Denn ohne Sauerstoff können Schimmel und andere Verderbniskeime nur schlecht wachsen.

BACKHEFE
BACKHEFE
MEHL

Brötchen

Gute Brötchen selbst zu backen, ist nicht schwierig, braucht aber eine gute Zeitplanung. Nur mit der langen Gärführung des Hefeansatzes und des Hefeteigs selbst bekommen die Brötchen ihr typisches Aroma, die feinporige Krume und die dünn-knusprige Kruste.

Zutaten

für 20 Stück

Für den Hefeansatz

10 g frische Hefe
250 g Weizenmehl (Type 550)

Für den Teig

10 g frische Hefe
300 g Hefeansatz (s. o.)
600 g Weizenmehl (Type 550)
1 gehäufter EL Meersalz

Für den Hefeansatz die **Hefe** zerbröseln, mit 100 ml lauwarmem Wasser vermischen und 10 Minuten stehen lassen. Kurz durchrühren, damit die Hefe sich ganz auflöst, dann portionsweise mit den Knethaken eines Rührgeräts nochmals 150 ml lauwarmes Wasser und das **Mehl** einarbeiten, bis ein klebrig-elastischer Teig entstanden ist. Den Hefeansatz in eine große Schüssel geben, mit Frischhaltefolie luftdicht abdecken und die Schüssel 48 Stunden an den kühlsten Ort der Wohnung stellen, damit der Ansatz richtig durchgären kann.

Für den Teig die **Hefe** zunächst wieder in etwa 100 ml lauwarmem Wasser auflösen und mit dem abgewogenen **Hefeansatz** in der Küchenmaschine verrühren. Anschließend portionsweise das **Mehl,** 200 ml lauwarmes Wasser und das **Salz** damit verkneten, bis ein elastischer Teig entstanden ist. Zurück in die Schüssel legen und an einem kühlen Ort abgedeckt 3–4 Stunden gehen lassen, bis der Teig fast das dreifache Volumen erreicht hat.

Zwei Backbleche mit Backpapier auslegen. Den Teig mit den Händen gut durchkneten, zu länglichen Brötchen formen und mit 3 cm Abstand zueinander auf die Bleche legen. Mit einem sauberen Geschirrtuch abdecken und noch einmal 1 Stunde gehen lassen.

Eine ofenfeste Schüssel mit Wasser in den Backofen stellen und den Ofen auf 250 °C Ober-/Unterhitze vorheizen.

Die aufgegangenen Brötchen mit einem sehr scharfen Messer längs einschneiden und in den Backofen schieben. Die Wasserschüssel herausnehmen und die Hitze auf 200 °C herunterschalten. Die Backbleche nacheinander etwa 30 Minuten backen, dann auf einem Kuchengitter vollständig abkühlen lassen.

Tipp

Wenn Sie die Brötchen einfrieren wollen, nehmen Sie sie einfach 10 Minuten früher aus dem Ofen, wenn diese gerade erst anfangen zu bräunen.

Zum Aufbacken gefroren für 10 Minuten in den auf 200 °C vorgeheizten Backofen legen.

Dunkle Farbe dank Karamellzucker und Malz

Vollkorn ist Vertrauenssache

Schwarzbrot

Was wirklich zählt, ist unsichtbar

Vollkorn, Mehrkorn, Kraftkorn – welche Produktbezeichnung für die typische Charakteristik eines Brotes steht und welcher Herstellerfantasien entstammt, ist schwer zu durchblicken. Werden Brote unverpackt angeboten, sind Marketingbezeichnungen wie „Kornkönigin" oder „Kraftprotz" üblich und ausreichend. Eine Bezeichnung, die die Art des Produkts erkennen lässt, ist hier – anders als bei vorverpackter Ware – nicht vorgeschrieben. Wer wissen will, ob er es wirklich mit einem Vollkornbrot zu tun hat, sollte nachfragen – oder selbst den Backofen anwerfen. Optische Merkmale wie die Farbe oder ganze Körner auf der Oberfläche bieten keine verlässliche Richtschnur über den Gesundheitswert eines Brotes. Sie nähren allein den weitverbreiteten Irrglauben, ein nährstoffreiches Brot müsse dunkel und körnerreich sein.

Vollkorn ist Vertrauenssache

Vollkornbrot verdankt seine geballte Ladung an Mineral- und Ballaststoffen der Verarbeitung ganzer Getreidekörner, einschließlich ihres Keimlings. „Vollkorn" darf sich nach den Leitsätzen für Brot und Kleingebäck nur nennen, was zu 90 Prozent aus solchen Vollkornerzeugnissen, bezogen auf den Getreideanteil, besteht. Das muss im Endprodukt nicht sichtbar sein, denn auch Vollkornmehl kann sehr fein vermahlen sein. Das Problem der Kontrolle: Vollkornmehl lässt sich im Labor analytisch leicht anhand seines Mineralstoffgehalts von normalem Mehl unterscheiden. Anders beim Brot: Da auch andere Zutaten Mineralstoffe enthalten, muss hier den Angaben des Herstellers vertraut werden.

Brote im Bräunungsstudio

Und das ist bisweilen gar nicht einfach, angesichts technologischer Tricks, die sich die Industrie gern zunutze macht. Zum Beispiel der Einsatz von Karamellsirup oder Malzextrakt. Diese zuckerhaltigen Zutaten dienen vordergründig der Hefe als Nährstoff und tragen zur Aromaausbildung während des Backens bei. Nebenbei verleihen sie dem Brot eine dunkle Farbe. Wer rheinisches Schwarzbrot schätzt, mag diese Kritik nur müde belächeln. Schließlich enthält diese regionale Vollkornspezialität traditionell Rübenkraut mit eben diesen vorder- und hintergründigen Wirkungen. Wenn allerdings die traditionelle Verwendung von Zutaten von rein funktionalen Absichten – etwa der Schönfärberei vollkornarmer Brote – unterwandert wird, ist schon allein das ein guter Grund, sein Vollkornbrot selbst zu backen.

Restbrot im Brot

Der Einsatz von hygienisch einwandfreiem Altbrot in der Brotherstellung wirkt sich positiv auf die Produktqualität aus. Nach den Leitsätzen für Brot und Kleingebäck kann sein Anteil, je nachdem, ob der Weizen- oder Roggenanteil überwiegt, bei bis zu 6 bzw. 20 Prozent liegen. Mit bloßem Auge erkennbar darf das Restbrot allerdings nicht sein.

Getreideanteil im Fertigbrot

Bei Etikettenaufschriften vorverpackter Vollkornbrote ist anstelle der erwarteten 90 Prozent nur ein Vollkornanteil von 60 Prozent angegeben. Das verwirrt, ist aber kein Grund zur Kritik: Nach dem Kennzeichnungsrecht beziehen sich Mengeninformationen über einzelne Zutaten auf das Gesamterzeugnis – und eben nicht allein auf den Getreideanteil.

BIO
BUTTER
MILCH
nur 1% Fett
ROGGEN
SCHROT
WEIZEN
SCHROT
RÜBEN
KRAUT
BACKHEFE
BACKHEFE

Schwarzbrot

Als ich dieses Rezept noch als Student von meiner Mutter bekam, konnte ich kaum glauben, dass es wirklich so funktionieren würde. Aber es geht tatsächlich so einfach, selbst ein sehr leckeres Schwarzbrot zu backen.

Die Hälfte der **Buttermilch** in die Schüssel geben und die **frische Hefe** hineinbröseln. Jeweils die Hälfte des **Rübenkrauts,** des **Vollkorn-Weizenmehls** und des **Weizenschrots** hinzufügen. Mit der Küchenmaschine verrühren, dann den **Roggenschrot,** das **Salz** und die restliche **Buttermilch** dazugeben.

Wenn auch das verrührt ist, kommen die restlichen Mengen **Rübenkraut, Weizenmehl** und **-schrot** hinein. So lange verkneten, bis ein gleichmäßig feuchter und klebriger Teig entstanden ist. Dieser Teig hat wenig mit einem normalen Hefeteig zu tun, er muss auch nicht gehen.

Den Backofen auf 150 °C Ober-/Unterhitze vorheizen und eine Schale mit heißem Wasser hineinstellen. Den Teig auf die **gefetteten** Kastenformen verteilen und mit nassen Händen fest in die Formen drücken. 2 Stunden backen, dann die Brote aus den Formen stürzen und auf einem Kuchengitter ganz auskühlen lassen.

Zutaten

für 2 Kastenformen

1 l Buttermilch
3 Würfel frische Hefe
200 g Rübenkraut
500 g Vollkorn-Weizenmehl
500 g Weizenschrot
500 g Roggenschrot
1 gehäufter EL Meersalz
Fett für die Form

Tipp

Frisches Brot ist im Tontopf oder in Plastiktüten gut aufgehoben. Soll es knusprig bleiben, eignen sich Stoffbeutel oder Papiertüten besser. Brot gehört nicht in den Kühlschrank, denn dort wird es schnell altbacken.

Färbende Gewürzextrakte
Emulgatoren
Aromen
Sulfite
DR. LECKER
4×3 Portionen
locker-luftig-leicht
KARTOFFELPÜREE
LECKER
KARTOFFELPÜREE

Kartoffelpüree

Emulgatoren retten das Mundgefühl
Ein Produkt für den schnellen Hunger: Das ist Kartoffelpüree aus der Tüte, ohne Frage. Bei einer Zubereitungszeit von weniger als 10 Minuten kann die selbst gemachte Variante im Vergleich kaum punkten. Dafür aber mit dem Geschmack und der Zusammensetzung. Zwar finden in der industriellen Herstellung von Instantkartoffelpüree aus guten Gründen nur ausgewählte Kartoffelqualitäten Einsatz, doch braucht es dabei doch einige – aus dem Blickwinkel häuslicher Zubereitungstechniken – überflüssige Zusätze, um ein schmackhaftes und auch optisch überzeugendes Produkt zu zaubern.

Ohne Emulgatoren geht praktisch nichts
Als Kartoffelveredelung wird die industrielle Kartoffelpüree-Produktion im Fachjargon bezeichnet. Das hat fast ironische Züge, führt man sich vor Augen, dass die Industrieware ihre einfache und schnelle Zubereitung mit dem Einsatz einer ganzen Batterie zugelassener Zusatzstoffe bezahlt. Der Zusatz von Emulgatoren ist praktisch weltweit Standard. Sie sorgen gemeinsam mit Stabilisatoren dafür, dass freie Stärke, die während der Herstellung unweigerlich aus den Kartoffelzellen austritt, nicht verkleistert. Das würde das Püree klebrig machen und ein unangenehmes Mundgefühl erzeugen. Ein Problem, das übrigens auch leicht beim Selbermachen auftritt – wenn zu beherzt gestampft oder zu stärkereiche Kartoffelsorten gewählt werden.

Weitere Zusätze optimieren das Instantkartoffelpüree
Dass auch stets gleichbleibende Qualitäten und Haltbarkeiten von mehreren Monaten ihren Preis haben, davon zeugen weitere Vertreter der E-Familie im Zutatenverzeichnis: Antioxidationsmittel verhindern braune Verfärbungen, die während des Trocknungsvorgangs entstehen können. Zusätzlich sorgen sie für lange Lagerfristen. Das gewohnt blasse Gelb des Pürees peppen Farbstoffe wieder auf. Auch Rosmarinextrakt hat übrigens antioxidative Wirkungen und ist deshalb in manch einer Zutatenliste alternativ zu finden. Und mit Gewürzmischungen, die gelb färbendes Curcuma enthalten, lässt sich auch der Farbstoff sparen. Ob das Instantkartoffelpüree dadurch allerdings tatsächlich edler wird, muss jeder für sich selbst entscheiden.

Die richtige Kartoffelsorte
Eher festkochende Sorten eignen sich besser für die Zubereitung von frischem Kartoffelpüree als mehligkochende. Denn sie enthalten weniger Stärke. Tritt zu viel Stärke bei der Zerkleinerung der Kartoffeln aus, wird das Produkt leimig und zäh.

Stichwort „Kinder"
Auch wenn Zusatzstoffe geprüft und zugelassen sind: Für Kinder gilt die Devise „so wenig wie möglich", denn ihr Körper ist noch im Wachstum und reagiert sensibler als der erwachsene Organismus. Also ein Argument mehr, selbst den Kochlöffel in die Hand zu nehmen.

MILCH

Kartoffelpüree

Die **Kartoffeln** schälen und etwa 20 Minuten in **gesalzenem** Wasser fast gar kochen. Die **Milch** in einem kleinen Topf erhitzen.

Das Kochwasser von den Kartoffeln abgießen und die Kartoffeln stampfen. Dann etwa 200 ml der Milch zugeben und weiterstampfen, bis die Kartoffeln die Milch aufgenommen haben. Leicht **salzen** und die in Stücke geschnittene kalte **Butter** auf die Kartoffeln geben. Wieder stampfen, bis auch die Butter in die Kartoffeln eingearbeitet ist.

Das Püree mit einem Schneebesen durchrühren und probieren: Wenn es noch zu fest ist, mehr Milch einrühren, bis die Konsistenz stimmt – es soll cremig sein. Je sorgfältiger Sie vorgehen, desto besser wird das Püree.

Zutaten

für 4–6 Personen als Beilage

1 kg mehligkochende Kartoffeln

Meersalz

etwa 300 ml Milch

80 g kalte Butter
(siehe Seite 81)

Tipp

Für eine großartige Feinschmeckervariante des Pürees ersetzen Sie die Milch einfach durch weitere 120 g Butter.

Ergibt 12 Knödel
DR. LECKER
KARTOFFEL
KNÖDEL
halb & halb
LECKER
KARTOFFELKNÖDEL
halb & halb
Zucker
Emulgatoren
Aromen

Kartoffelknödel

Farblich oft aufgepeppt

Kartoffelknödel gibt es in allen erdenklichen Varianten im Handel: Als Pulver, Teig oder Tiefkühlware versprechen die Convenience-Produkte – wahlweise für gekochte, rohe oder Halb-und-halb-Klöße – eine schnelle Zubereitung ohne viel Aufwand. Das stimmt. Geschmacklich aber kann die Industrieware kaum mit selbst gemachten Klößen mithalten. Ein Blick in die Zutatenliste vieler Produkte zeigt außerdem: Hier wird – im rechtlich durchaus zulässigen Rahmen – getrickst, um die Produkte vor allem optisch in ein gutes Licht zu rücken.

In alter Tradition: Schwefel als Zutat

Ein zartes Gelb, ganz wie seine Ausgangszutat: Diese Farbe soll ein Kartoffelkloß haben. Das sich in den Zutatenlisten von industriell erzeugten Kloß-Vorprodukten oft Curcuma findet – auch als indischer Safran bekannt –, dürfte kein Zufall sein. Davon ganz unabhängig schlägt die Natur dem Kloßhersteller bisweilen ein Schnippchen – in der Industrieküche genauso wie am heimischen Herd. Denn Kartoffelknollen enthalten natürlicherweise Eisenionen und Chlorogensäure, die – je nach Mengenverhältnissen – zu grüngräulichen Komplexen reagieren können. Bräunungsreaktionen machen speziell rohe Kartoffeln unansehnlich. Schon im 18. Jahrhundert wurden deshalb über frischem Kloßteig Schwefelhölzer zu dessen Farbstabilisierung abgebrannt. Eine Technik, die die Industrie heute durch den Zusatz schwefeldioxidhaltiger Antioxidationsmittel perfektioniert hat. Immerhin: Über die Zeit, insbesondere während des Kochprozesses, verflüchtigt sich ein Großteil des Schwefeldioxids. Allerdings können rund 5 Prozent der Bevölkerung Schwefel schlecht abbauen. Speziell Asthmatiker sind hier betroffen.

Klöße sind Freischwimmer

Damit Kartoffelklöße schön locker und elastisch werden, brauchen sie – neben den richtigen Zutaten – viel Platz. Sie sollten im Wasser schwimmen und sich möglichst nicht berühren. Ist der Topf groß genug, lässt sich auch gut erkennen, ob die Klöße gar sind. Dann kommen sie an die Oberfläche. Die physikalische Chemie dahinter: Erst verkleistert die Außenschicht der Klöße, dann dringt die Hitze nach innen, das Wasser verdunstet und lockert die Struktur der Klöße. Eine Wirkung, die sich bei längerem Liegen übrigens umkehrt: Der Wasserdampf kondensiert und die Klöße erinnern fast wieder an die Konsistenz ihrer Hauptzutat.

Reißen, nicht schneiden

Schneiden ist beim Kloßessen ein absolutes Tabu. Wird der Kloß auseinandergerissen, erhält man eine grobe Struktur und an der vergrößerten Oberfläche kann mehr Sauce haften bleiben.

Thüringer Klöße

Sie werden traditionell zu zwei Dritteln aus rohen und einem Drittel aus gekochten Kartoffeln hergestellt. Aus Thüringen muss die Ware jedoch nicht kommen. Die Bezeichnung ist als Gattungsbezeichnung zu verstehen und nicht als Herkunftsangabe.

MEHL
MILCH

Kartoffelknödel

Die gebratenen Klöße meiner Oma waren eines der großen Lieblingsessen meiner Kindheit – am besten vermischt mit ebenfalls gebratenem Sauerkraut und Spiegeleiern dazu.

Kartoffeln schälen und in gut **gesalzenem** Wasser sehr weich kochen. Noch heiß durch eine Kartoffelpresse in eine große Schüssel drücken. Wenn Sie keine Kartoffelpresse haben, können Sie die Kartoffeln auch grob zerkleinern und mit dem Kartoffelstampfer zerdrücken. Das **Mehl** darüberstäuben und gründlich mit den Kartoffeln vermischen. Dann auch **Ei** und **Eigelb** einarbeiten und mit **Salz** würzen. Wenn die Kloßmasse jetzt schon gut bindet, war es genug Mehl. Wenn nicht, 1–2 EL Mehl dazugeben und nochmals verkneten. Jetzt müsste eine relativ feste, aber geschmeidige Grundmasse entstanden sein.
Nun fast tennisballgroße Klöße formen. So vorbereitet, können die Klöße auf ein Brett gelegt und mit Frischhaltefolie bedeckt problemlos ein paar Stunden im Kühlschrank aufbewahrt werden.
Zum Garen die Klöße in einen großen Topf mit kochendem **Salzwasser** gleiten lassen. 15 Minuten sieden, also bei etwas unter 100 °C gar ziehen lassen.
Die Klöße steigen übrigens manchmal schon an die Oberfläche, obwohl sie noch nicht gar sind, deshalb lieber die ganze vorgegebene Zeit ziehen lassen. Vor dem Servieren kurz abtropfen lassen.

Zutaten

für 10 Klöße/4–5 Personen als Beilage

1 kg mehligkochende Kartoffeln

Meersalz

100 g Weizenmehl plus evtl. etwas mehr nach Bedarf

1 Ei

1 Eigelb

Tipp

Diese Kartoffelklöße schmecken zu jedem Schmorgericht mit viel Sauce. Übrig gebliebene Klöße sind in Stücke geschnitten und gebraten für mich ein so verlockendes Reste-Essen, dass ich immer mehr zubereite, als ich eigentlich brauche.

Für die Kloßherstellung eignen sich insbesondere die Kartoffelsorten Aktiva, Alegria, Jelly, Karlena, Merida, Lambada, Likaria, Pommqueen und Sonate.

6 Stück im Kochbeutel
DR. LECKER
SEMMEL KNÖDEL
SEMMELKNÖDEL
Trocknung = Aromaräuber
Maltodextrine
Antioxidationsmittel
Verdickungsmittel

Semmelknödel

Selbst gemacht als perfekte Resteverwertung
Brötchen vom Vortag sind beileibe kein großer Genuss und landen – wie auch andere Lebensmittelreste – allzu schnell im Müll. Dabei lassen sie sich wunderbar weiterverarbeiten, beispielsweise zu Semmelknödeln. So wird aus drögen Resten eine schmackhafte Beilage, die vorgefertigten Convenience-Produkten nicht nur moralisch, sondern auch geschmacklich weit überlegen ist. Denn das Trockenprodukt in Kochbeuteln kann eigentlich nur mit seiner langen Haltbarkeit punkten.

Trocknung geht auf Kosten des Aromas
Semmelknödel bestehen – wie ihr Name vermuten lässt – hauptsächlich aus Semmeln, also Brötchen bzw. Brotstückchen. Darin unterscheiden sich Industrieküche und die heimische Herstellung nicht. Auch sonst ist die Zutatenliste des Fertigprodukts wenig verdächtig. Meist finden sich dort die gleichen Zutaten, die auch zu Hause verwendet werden – Eier, Kräuter, insbesondere Petersilie. Nur eben trocken. Hierzu haben sich ausgefeilte Techniken etabliert, etwa die Sprühtrocknung für Eier. Die technologische Funktion des Eigelbs, also seine emulgierende Eigenschaft, bleibt dabei uneingeschränkt erhalten. Die Trocknung von Kräutern wie Petersilie dagegen geht immer – egal, wie schonend sie abläuft – auf Kosten des Aromas. Denn ihre aromagebenden Inhaltsstoffe, die ätherischen Öle, sind leicht flüchtig. Schon beim Waschen und Zerkleinern treten die ersten Verluste auf. Frische Kräuter lassen sich durch nichts ersetzen.

Auch Fett kann mehr als ein Geschmacksträger sein
Fett gibt vielen Lebensmitteln einen Extrakick in puncto Geschmack. Der Grund: Viele aromagebende Inhaltsstoffe sind fettlöslich. Auch kann das Fett selbst eine individuelle Geschmacksnuance entfalten, beispielsweise ein feines Butteraroma. Semmelknödel aus dem Kochbeutel enthalten oft Palmfett. Das ist wegen seiner guten Hitze- und Oxidationsstabilität und seiner kostengünstigen Herstellung ein beliebter Rohstoff in der Lebensmittelbranche. Mit weitreichenden Folgen für die Umwelt, das Klima und die regionale Bevölkerung. Denn um die steigende Nachfrage zu bedienen, werden immer mehr Regenwälder gerodet und Kleinbauern vertrieben.

Reißen, nicht schneiden
Wie bei den Kartoffelklößen gilt Schneiden als Tabu. Auseinandergerissen bieten Knödel eine grobe Struktur und an der vergrößerten Oberfläche kann mehr Sauce haften bleiben.

Serviettenknödel
Für Serviettenknödel werden – mit den üblichen regionalen Unterschieden – praktisch dieselben Zutaten verwendet wie für Semmelknödel. Sie sind jedoch länglich geformt, werden in Servietten eingebunden gegart und in Scheiben serviert.

MEER
SALZ
MEERSALZ

Semmelknödel

Zutaten
für 8 Knödel/4 Personen

5 Brötchen vom Vortag
(siehe Seite 37)

2 EL Butter
(siehe Seite 81)

2 EL fein gehackte Petersilie

Meersalz

frisch gemahlener
schwarzer Pfeffer

frisch geriebene Muskatnuss

3 Eier

300 ml Milch

3 EL Weizenmehl

Die **Brötchen** in Würfel mit etwa 1 cm Kantenlänge schneiden. Die Hälfte der **Butter** in einer Pfanne erhitzen. Die Hälfte der Brötchenwürfel darin bei mittlerer Hitze unter häufigem Rühren goldgelb und leicht knusprig braten – aber Vorsicht, sie brennen schnell an und schwarz schmecken sie nicht. Mit der restlichen **Butter** und den Würfeln ebenso verfahren.

Die Würfel in eine Schüssel umfüllen, die gehackte **Petersilie** darüberstreuen, **salzen, pfeffern,** eine ordentliche Prise **Muskatnuss** dazugeben und die **Eier** darüberschlagen. Dann die **Milch** darübergießen und alles mit einem Kochlöffel kräftig verrühren.

Jetzt sollten Sie wirklich sorgfältig und geduldig weiter vorgehen, weil es sich nun entscheidet, ob die Knödel später locker bleiben und trotzdem beim Kochen nicht auseinanderfallen: Die Masse etwa 20 Minuten ruhen lassen, dann noch einmal kräftig durchrühren und anschließend mit den Händen nachkneten. Die Masse muss durchgehend weich sein. Dann das **Mehl** einarbeiten und die Masse noch einmal 10 Minuten stehen lassen.

In einem breiten, tiefen Topf, in den die Knödel alle nebeneinander passen, reichlich **Salzwasser** aufkochen. Mit nassen Händen aus der Teigmasse knapp tennisballgroße Knödel formen und diese sofort in das kochende Salzwasser geben – bei einem kleineren Topf die Knödel in zwei Portionen nacheinander kochen. Das Wasser sollte jetzt nicht mehr kochen, sondern nur leicht sieden, das dauert etwa 20 Minuten, dann sind die Knödel fest.

Tipp

Wenn Sie Sorge haben, dass die Knödel auseinanderfallen, kochen Sie zunächst einen Probeknödel. Denn wenn der Teig nicht fest genug war, fällt der Knödel sofort auseinander. Arbeiten Sie noch 1 EL mehr Mehl in den Teig ein.

TK-Ware fehlt oft der wahre Kartoffelgeschmack

Kartoffelsorte nicht erkennbar

Pommes frites

Bei richtiger Zubereitung besser als ihr Ruf

Was sich Pommes frites nennt, muss aus gewachsener Kartoffel hergestellt worden sein, so lautet die allgemeine Verkehrsauffassung, die in den Leitsätzen für Kartoffelerzeugnisse des Deutschen Lebensmittelbuches beschrieben ist. Ihrem Ruf als schnöder Begleiter von Burger und Cola ist die puristische Kombination aus Kartoffeln, Fett und etwas Salz längst entwachsen. Als Ernährungssünde gilt sie dennoch häufig. Dabei lassen sich ihre gesundheitlichen Minuspunkte – vor allem ihr Gehalt an Fett und dem Schadstoff Acrylamid – durch die richtige Zutatenwahl und die Zubereitung leicht ins Positive rücken

Acrylamid: ein Schadstoff, der vermeidbar ist

Schön kross oder scharf angebraten – das sind die Zubereitungsformen, bei denen in Bezug auf Acrylamid die Alarmglocken angehen müssen. Der Schadstoff bildet sich besonders, wenn stärkehaltige Lebensmittel wie Kartoffeln oder Getreideprodukte stark erhitzt werden. Im Tierversuch ist er krebserregend, seine Wirkung im Menschen noch nicht abschließend geklärt. Trotzdem gilt: Je weniger Acrylamid aufgenommen wird, umso besser. Hersteller können mit der Wahl der richtigen Kartoffelsorte und möglichst kurzen Lagerzeiten der Rohware viel erreichen. Nur: Das ist auf dem Etikett nicht erkennbar.

Minimierungsstrategien für zu Hause

Wichtig ist deshalb vor allem die Zubereitungstemperatur zu Hause: Der Backofen sollte weniger als 200 °C heiß sein, in der Fritteuse liegt die Grenze bei 170 °C – für Industrieware wie auch für selbst geschnitzte Pommes. Kartoffelsorten wie Agria, Marena oder Delikat sind wegen ihres geringen Gehalts an reduzierenden Zuckern die erste Wahl. Trotz Handarbeit: Die Stücke sollten möglichst gleich dick sein. Sonst sind die dünnen schwarz, wenn die dicken nicht einmal gar sind. Für das Frittieren gilt: wenig Pommes, viel Öl. Dann kühlt das heiße Fett bei Zugabe der Kartoffelschnitze weniger stark ab und es kann sich schnell eine Kruste bilden. So dringt weniger Fett ins Innere. Das ist gut für die schlanke Linie. Außerdem bildet sich Untersuchungen zufolge weniger Acrylamid.

Frische Ernteware verwenden

Mit der Lagerung steigt der Gehalt an reduzierenden Zuckern. Sie führen zu Braunfärbung, bitterem Geschmack und im schlimmsten Fall zu höheren Acrylamidwerten. Am besten frisch geerntete Saisonkartoffeln verwenden.

Weniger Fett

Legen Sie frisch frittierte Pommes frites für einen kurzen Moment auf Küchenpapier – das saugt überschüssiges Fett auf.

Einkauf

Pommes mit Knusperpanade enthalten oft weniger als 90 Prozent Kartoffel, den Rest machen Fett und eine Panade aus Reis-, Weizen- oder Maismehl, Gewürzen und diversen Zusatzstoffen aus. Sie tragen Fantasiebezeichnungen wie „Crazy frites“ oder „Western frites“. Als Pommes frites dürfen sie nicht bezeichnet werden.

Die Werksangaben handelsüblicher Fritteusen decken sich nicht mit meinen Erfahrungen, was die Frittierzeit angeht. Ich frittiere erheblich kürzer, nicht nach Minuten, sondern nach Bräunungsgrad auf Sicht.

Pommes frites

Der größte Vorteil bei hausgemachten Pommes ist die freie Wahl der Kartoffelsorte. Im Gegensatz zu den meisten Rezepten bevorzuge ich die vorwiegend festkochenden oder festkochenden Sorten. Davon eignen sich die mittelfrüh oder mittelfrüh bis spät reifenden Sorten, die ab Ende des Sommers auf den Markt kommen, am besten.

Die **Kartoffeln** schälen und in Pommesstreifen schneiden. Die Schnitze zweimal in einer großen Schüssel mit viel kaltem Wasser gründlich waschen. Mit einem großen sauberen Geschirrtuch trocken tupfen.
Das **Rapsöl** auf 160 °C erhitzen und die Pommes darin so lange frittieren, bis sie gerade mal hellbraun sind. Das geschieht meist nach höchstens 7–8 Minuten.
Den Korb aus dem Fett nehmen, schütteln und das Fett abtropfen lassen. Wenn die Pommes völlig abgekühlt sind, die Fritteuse auf 190 °C erhitzen und die Pommes zum zweiten Mal frittieren, bis sie gleichmäßig braun und knusprig sind.
Abtropfen lassen, **salzen** und sofort servieren.

Noch besser werden die Pommes, wenn man sie nach dem ersten Frittieren 24 Stunden auf einem Küchenhandtuch ausgelegt trocknen lässt und dann wieder frittiert.

Zutaten
für 1 kg Kartoffeln

1 kg Kartoffeln
3 l Rapsöl
feines Meersalz

Variante ohne Fritteuse

Diese Variante ergibt zwar keine klassischen Pommes frites, aber frittierte Kartoffelscheiben, die nicht nur sehr knusprig sind, sondern bei denen auch der Eigengeschmack der Kartoffeln wunderbar erhalten bleibt.

Die **Kartoffeln** gründlich waschen und mit Schale in reichlich Wasser gar kochen, das deutlich schmeckbar **gesalzen** ist. Kalt abschrecken und 24 Stunden einzeln liegend trocknen lassen. Dann pellen und quer in 15 mm dicke Scheiben schneiden.
Das **Öl** in einer gusseisernen Pfanne oder Kasserolle sehr heiß werden lassen. Mit einer Scheibe Kartoffeln ausprobieren, ob sie sprudelnd frittiert, dann alle anderen Scheiben ins Fett geben. Bei großer Hitze so lange frittieren, bis die Scheiben goldbraun geworden sind. Mit einer Siebkelle aus dem Fett fischen, kurz auf einem mit Küchenpapier ausgelegten Kuchengitter abtropfen lassen und in einer Schüssel mit **Fleur de Sel** salzen.

Zutaten
für 1 kg frittierte Pellkartoffeln

1 kg möglichst kleine Kartoffeln (z. B. Drillinge)
Meersalz
ca. 750 ml Rapsöl
grobes Fleur de Sel

Tipp

Meine Pommes-Favoriten sind Annabelle, Linda, Laura und besonders Rosella, eine rotschalige Kartoffel, die innen schön gelb ist. Natürlich am liebsten bio.

Da die Kartoffeln beim Frittieren immer etwas schrumpfen, schneide ich die Pommes ausschließlich mit einem großen Messer in eckige Schnitze mit knapp 2 cm Kantenlänge und belasse sie immer in der Länge der Kartoffel.

Zucker
Phosphat
Aromen
DR. LECKER
DAS ORIGINAL
BRATWURST
ohne Darm
Spitzenqualität vom Lande

Bratwurst

Fleischqualität ist reine Vertrauenssache
Ob roh oder gebrüht – die Qualität von Bratwürsten steht und fällt mit der Qualität ihrer Hauptzutat, dem Fleisch. Viel Muskelfleisch, wenig Bindegewebe: Das gilt als Optimum für eine gute Wurst. Dann stimmt auch der Biss. Zu viel Bindegewebe macht die Wurst gummiartig. Das analytische Maß dafür ist der BEFFE-Wert. Diese Abkürzung steht für bindegewebseiweißfreies Fleischeiweiß, meint also Eiweiß aus Muskelfleisch. Je höher der BEFFE-Wert, umso mehr hochwertiges Eiweiß enthält das Produkt. Unverarbeitetes Fleisch hat einen BEFFE-Gehalt von 18 bis 20 Prozent, knapp die Hälfte beträgt der Mindestgehalt einer Bratwurst nach den Leitsätzen für Fleisch und Fleischerzeugnisse. Ob das so ist, weiß allein der Hersteller. Der Kunde muss vertrauen.

Trinkwasserzugabe: für mehr Biss – und eine höhere Ausbeute
Was das Fertigprodukt neben den Pflichtzutaten Fleisch, Salz, Trinkwasser und Gewürzen enthält, offenbart die Zutatenliste. Da findet sich manch eine Zutat fraglichen Nutzens, Phosphate beispielsweise. Sie fördern als sogenannte Kutterhilfsmittel das natürliche Wasserbindevermögen des Fleisches. Ähnlich, wenn auch unspezifischer, wirken Citrate. Das in die Masse eingebundene Wasser, das oft in Form von zerstoßenem Eis zugegeben wird, sorgt für einen knackigen Biss der Wurst. Böse Zungen formulieren gar, mithilfe von Kutterhilfsmitteln würde Wasser schnittfest gemacht und die Wurst gestreckt. Tatsächlich erhöht sich durch den Einsatz von Phosphaten die Ausbeute. Auch die Verwendung von Fremdeiweißen, beispielsweise aus Milch oder Soja, ist grundsätzlich erlaubt. Sie dient ebenfalls der Wasserbindung und stabilisiert fein zerkleinerte Wurstmasse.

Im Frischfleisch sind Qualitätsmerkmale noch sichtbar
Dazu leistet allerdings auch Salz einen entscheidenden Beitrag. Wichtig beim Selbermachen: Die Salzzugabe sollte parallel zur Zerkleinerung des Fleisches erfolgen. Dann nämlich löst sich das fleischeigene Eiweiß besonders gut aus den Zellen, wodurch sich die typische Bindigkeit der Wurstmasse entwickelt. Mit diesem Kniff gelingen hauseigene Bratwurstvarianten ganz ohne Kutterhilfsmittel. Ein weiterer Vorteil: Wer frisches Fleisch selbst verarbeitet, kann sich ein besseres Bild über dessen Qualität machen. Denn Sehnen und Knorpel fallen auf und können sich nicht in der fein zerkleinerten Wurstmasse verstecken.

Fleischqualität
Gutes Fleisch hat eine feste Struktur und lässt sich nicht stark eindrücken. Seine Oberfläche ist fein glänzend und darf nicht schmierig sein.

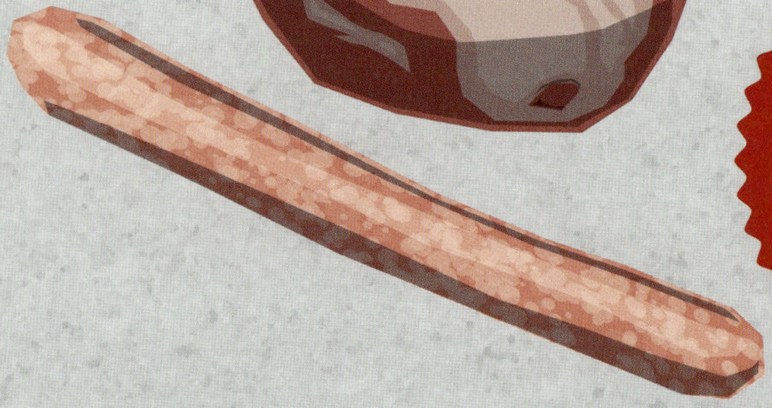

Hier
bieten wir eine
unkonventionelle, aber
einfache Variante an, die immer
funktioniert, sehr gut schmeckt
und sogar knusprig gebraten werden
kann. Einen Fleischwolf für die
Küchenmaschine brauchen Sie
dafür allerdings auch.

Bratwurst

Es ist wenig sinnvoll, Bratwürste im Darm selbst herzustellen, da geeignete Därme in der richtigen Größe für den privaten Haushalt kaum zu bekommen sind. Außerdem gehört gerade zum richtigen Füllen dieser Därme sehr viel Erfahrung und Fingerspitzengefühl, bis es wirklich gut funktioniert und die Bratwürste später nicht zu labberig ausfallen oder beim Braten platzen.

Frische Bratwurst ohne Haut

Schweinebauch und **Schweinefleisch** in längliche Streifen von kurzer Pommesgröße schneiden. Gründlich mit **Salz** und **Pfeffer** vermischen. 2 Stunden im Kühlschrank durchkühlen lassen.
Dann das Fleisch durch die grobe Scheibe des Fleischwolfs drehen und wieder 1 Stunde durchkühlen lassen. Nun zweimal durch die feine Scheibe wolfen, schnell mit den Händen verkneten und wieder 1 Stunde kalt stellen. Aus dem Brät 12 Bratwürste von gut 1 cm Dicke und 10 cm Länge rollen. In **Erdnussöl** rundum knusprig braten und servieren.

Bratwürste Thüringer Art

Drehen Sie eine **Zwiebel** mit durch den Wolf und würzen Sie das Fleisch mit ½ TL mittelfein gemörsertem **Kümmel** und einer Prise **Muskat.**

Bratwürste Nürnberger Art

Würzen Sie das Fleisch mit 1 TL gerebeltem **Majoran.**

Zutaten

für 12 Stück

- 350 g möglichst fetter Schweinebauch ohne Schwarte und Knorpel
- 250 g Schweinefleisch aus der Hüfte oder Keule
- 10 g Meersalz
- 1 g frisch gemörserter schwarzer Pfeffer
- 1 g frisch gemörserter weißer Pfeffer
- Erdnussöl zum Braten

Haltbarkeit

Fein zerkleinertes Fleisch ist wegen seiner großen Oberfläche sehr anfällig für mikrobiellen Verderb. Rohe Bratwürste sollten nur kurz und in jedem Fall kühl gelagert werden.

Emulgatoren
Stabilisatoren
Verdickungsmittel
Zucker
DR. LECKER
OMA FRIEDELS
LEBERWURST
halbgrob

Leberwurst

Eine Kochwurst, die fast immer Schwein hat

Viel Fleisch ungewisser Qualitäten und Herkunft, wenig Leber und die zumeist vom Schwein, Verdickungsmittel, Emulgatoren oder Geschmacksverstärker – kritische Gemüter kommen bei der Leberwurst voll auf ihre Kosten. Wer keinen vertrauenswürdigen Metzger in seiner Nähe weiß, kann sein Wurstglück ganz einfach selbst in die Hand nehmen. Dann bestimmt auch die eigene Vorliebe den Anteil und die tierische Herkunft der Leber – und nicht etwa vorgeschobene technologische Notwendigkeiten.

Kalbsleberwurst mit viel Schweineleber

Je fettreicher die Leberwurst, umso weicher ist sie. Fettreiches Fleisch, Speck oder Schwarte sind deshalb eine Pflichtzutat in der Leberwurst. Genauso wie die Leber. Sie ist Namensgeber, Geschmacksträger und natürlicher Emulgator in einem. Denn Leberwurst ist – physikalisch betrachtet – eine Fett-in-Wasser-Emulsion, für deren Stabilität das Lecithin aus der Leber sorgt. Meist stammt die Leber vom Schwein. Sie ist geschmacklich nicht so aufdringlich wie etwa Rinderleber, die der Wurstmasse schnell eine bittere Note verleiht. Vor allen Dingen aber ist sie billig und lässt sich kaum anders verwerten. Dagegen lässt sich Kalbsleber auch in natura gut verkaufen. Entsprechend höher ist ihr Preis. Immerhin: Kalbsleberwurst muss nach allgemeiner Verkehrsauffassung – jedenfalls auch – Kalbsleber enthalten. Mindestens 15 Prozent. Meist enthalten die Produkte zusätzlich noch deutlich mehr Schweineleber.

Umstrittenes Nitritpökelsalz

Industriell hergestellte Leberwürste sind meist umgerötet, das heißt, ihren Fleischzutaten wird Salz in Form von Nitritpökelsalz zugesetzt. Diese Mischung sorgt für das typische Pökelaroma vieler Würste und ihre hitzestabile, appetitlich rote Farbe. Gleichzeitig hemmt der Stoff das Keimwachstum. Nitrit ist gesundheitlich umstritten, unter anderem, da aus ihm im Zusammenspiel mit Eiweiß krebserregende Nitrosamine entstehen können. Deshalb sollten gepökelte Fleischwaren nicht gebraten oder gegrillt werden. Beim Selbermachen von Kochwürsten wie Leberwurst kann theoretisch auf Nitrit verzichtet werden. Dann allerdings müssen Einbußen in Bezug auf die gewohnte Farbe, den Geschmack und die Haltbarkeit hingenommen werden.

Kalbsfleisch-Leberwurst

Eine Leberwurst, die unter Verwendung von Kalbsfleisch und ohne Zusatz von Kalbsleber hergestellt wird, wird dagegen als Kalbsfleisch-Leberwurst bezeichnet.

Nitrit und Speck

Wer auf Nitrit in seiner Leberwurst verzichten will, darf keine Rohpökelwaren wie Speck zur Herstellung verwenden. Alternativ kann fettreiches Fleisch wie Schweinebauch verarbeitet werden.

MILCH
PIMENT
NELKEN PULVER
INGWER PULVER

Leberwurst

Mit dem Fleischwolf

Die **Kalbsleber** sauber parieren und in gulaschgroße Stücke würfeln, den fetten **Speck** in kleine Würfel schneiden. Beides abwechselnd durch den mit der feinen Scheibe ausgerüsteten Fleischwolf drehen. Die **Zwiebel** schälen, würfeln und mit dem durchgedrehten Leberspeck noch einmal durch die feine Scheibe des Fleischwolfs drehen.

Ohne Fleischwolf ...

... müssen Sie den Metzger Ihres Vertrauens bitten, das zu tun, aber ohne die Zwiebel. Wenn er die Leber nicht durchdrehen will, weil er dann seine Maschine putzen muss, soll er wenigstens den Speck durchdrehen. Der sollte dann so schnell wie möglich weiterverarbeitet werden. Die Leber können Sie zusammen mit der Zwiebel zu Hause auch im Mixer hacken, dann wird die Leberwurst nicht ganz so fein, schmeckt aber auch gut.

Für die erste Grundwürzung die **Gewürze** nach Mengenangaben und 1 gestrichenen TL **Salz** mit der Leber-Speck-Masse mischen. 30 Minuten abgedeckt durchziehen lassen. Für den lockeren Schmelz der Wurst wird nun noch eine Mehlschwitze benötigt. Dafür die **Butter** bei mittlerer Hitze schmelzen und das **Mehl** einrühren, sodass beides zu einer zähen Masse verklumpt. Die **Milch** in Portionen von jeweils 100 ml zugeben, dadurch lösen sich die Klümpchen auf. Nach jeder Flüssigkeitszugabe so lange rühren, bis die Mehlschwitze die Milch aufgenommen hat. Wenn eine dickflüssige Sauce entstanden ist, **salzen** und noch etwa 1 Minute köcheln lassen. Die Sauce in eine Schüssel geben und abkühlen lassen, dann die **Eier** unterziehen. Die Sauce mit der Wurstmasse sehr sorgfältig vermischen und abschmecken.
Den Backofen auf 200 °C Ober-/Unterhitze vorheizen.
Die Wurstmasse in saubere Schraubdeckelgläser bis maximal 2 cm unter den Rand füllen, weil sie sich beim Garen ausdehnt.
Die Gläser in eine große ofenfeste Form stellen und so hoch wie möglich kaltes Wasser aufgießen. Wenn nach circa 30 Minuten das Wasser sichtbar siedet, die Temperatur auf 150 °C reduzieren. Nach 2 Stunden ist die Wurst fertig. Die Gläser im ausgeschalteten Backofen komplett auskühlen lassen.

Zutaten

für 6 Gläser à 250 ml

750 g Kalbsleber

400 g fetter Speck

1 Zwiebel

1 gestrichener TL Piment, gemahlener Ingwer und weißer Pfeffer plus evtl. etwas zum Abschmecken

½ TL gemahlene Nelken

Meersalz

40 g Butter (siehe Seite 81)

40 g Weizenmehl

300 ml Milch

2 Eier

Tipp

Wenn die Deckel beim Öffnen der Gläser ploppen, ist die Leberwurst gut gegart und bakterienfrei sterilisiert. Sie hält sich dunkel und kühl gelagert problemlos mehrere Wochen. Ob die Leberwurst in Ordnung ist, egal, nach welcher Zeit, hören Sie immer am Deckelplopp.

In Gläsern eingemachte Leberwurst kann kühl bis zu einem halben Jahr gelagert werden. Gewölbte Deckel sind ein Zeichen dafür, dass die Wurst verdorben ist und entsorgt werden muss.

DR. LECKER
Gewürz
Gurken
Die mit der knackigen Würze
Fast immer aromatisiert
Manchmal mit Süßungsmitteln

Gewürzgurken

Oft weniger natürlich als erwartet

Eine lange Haltbarkeit kann ein schlagendes Argument für den Kauf von Industrieprodukten sein. Nicht aber im Fall von Gewürzgurken. Denn bei ihnen liegt der Konservierungseffekt, ob nun industriell hergestellt oder in der eigenen Küche, gar nicht so weit auseinander. Deutliche Unterschiede gibt es trotzdem. Industriell hergestellte Gewürzgurken enthalten mitunter Zutaten, die deren natürliches Image deutlich ins Wanken bringen.

Kostengünstige Zutaten: Branntweinessig und Aromen

Essig ist Konservierungs- und Würzmittel in einem. Geht es Herstellern vor allem um seine haltbarmachende Wirkung, verwenden sie meist Branntweinessig. Der aus Getreide, Zuckerrüben oder Kartoffeln gewonnene Essig ist besonders kostengünstig. Zudem ist er geschmacksneutral. Da für die Haltbarkeit der Gewürzgurken weniger der Geschmack als vielmehr der Säuregrad des Essigs zählt – es gilt die grobe Regel: je höher die Säure, desto haltbarer das Endprodukt –, ist der Branntweinessig hier gar keine so schlechte Wahl. Irritationen wecken dagegen die Aromenzusätze, enthalten Gewürzgurken doch typischerweise würzende Zutaten wie Zwiebeln, Dill und Senfsaat. Wozu da noch nachhelfen, kann man sich fragen.

Süßungsmittel statt Zucker

Dass Gewürzgurken bisweilen Süßungsmittel enthalten, mag manchem Verbraucher alles andere als schmecken. Denn die künstliche Süße steht immer wieder im Verdacht, Krebs auszulösen oder seine Entstehung zu begünstigen. Wissenschaftlich belegt sind derlei Zusammenhänge allerdings nicht. Klar aber ist: Süßungsmittel sollten nicht in rauen Mengen verzehrt werden. Wer nicht gerade an Diabetes erkrankt ist, kann guten Gewissens in klassisch erzeugte Gewürzgurken beißen, die Zucker nicht allein aus Geschmacksgründen, sondern auch wegen seiner konservierenden Wirkung enthalten. Bei Zuckergehalten in Größenordnungen zwischen 5 und 10 Prozent haben übrigens auch die meisten Diabetiker kein Problem. Denn auch sie können in der Regel bis etwa 50 g Zucker pro Tag vertragen.

Süßungsmittel-Kennzeichnung

Sind Süßungsmittel in einem Lebensmittel enthalten, muss das für den Verbraucher immer erkennbar sein, egal, ob das Produkt offen oder vorverpackt angeboten wird. Bei vorverpackten Lebensmitteln ist ergänzend zur Angabe im Zutatenverzeichnis der Hinweis „mit Süßungsmittel(n)" in der Nähe der Bezeichnung Pflicht.

Konservierung mit Essig

Essig allein reicht zur Konservierung in der Regel nicht aus. Einige Keime werden erst bei so hohen Säurekonzentrationen abgetötet, die geschmacklich nicht mehr überzeugen können. Wird zusätzlich gezuckert, gesalzen oder eingekocht, lassen sich die Haltbarkeiten eingelegter Lebensmittel deutlich verlängern.

REIS
ESSIG
ROHR
ZUCKER

Gewürzgurken

Die Hälfte der **Gurken** schälen, die andere Hälfte gründlich abwaschen. Alle Gurkenhälften längs halbieren und entkernen. Die ungeschälten Gurken noch einmal längs halbieren und quer in etwa 0,5 cm dicke Scheiben schneiden, die geschälten Gurkenhälften quer in 1 cm dicke Scheiben schneiden. Mit **Meersalz** vermischen und abgedeckt 12 Stunden ziehen lassen. Die Gurkenstücke in ein Sieb geben, gründlich unter fließendem kaltem Wasser abspülen und in einen Topf geben.

Für den Sud die **Zwiebeln** schälen, längs halbieren und quer in feine Streifen schneiden. Mit 1 l Wasser, **Essig, Senfkörnern, Lorbeerblättern** und **Zucker** in einem zweiten Topf 2 Minuten offen köcheln lassen. Eventuell den Sud nun mit **Essig,** Wasser und **Zucker** abschmecken – aber Vorsicht, heiß schmeckt der Sud wesentlich intensiver als abgekühlt. Jetzt den heißen Sud über die Gurken gießen und kurz aufkochen.

Die sauberen Gläser so eng wie möglich mit den festen Zutaten füllen und in jedes Glas ein Lorbeerblatt legen. Mit dem Sud bis zum Rand füllen, den Deckel fest schließen und kopfüber in ein kaltes Wasserbad stellen. Wenn sich der Deckel nach 10 Minuten leicht nach innen eindellt, ist ein Vakuum entstanden. Dann ist alles gut konserviert.

Vor der ersten Probe mindestens eine Woche warten. Danach sind die Gurken schon gut durchgezogen. Dunkel und kühl gelagert, halten die Gläser bis zu drei Monate.

Zutaten

für 4–5 Schraubdeckelgläser à 330 ml

1 kg mittelgroße Einlegegurken
100 g Meersalz
100 g Zwiebeln
500 ml Reisessig
2 EL gelbe Senfkörner
6 Lorbeerblätter
3–4 EL Rohrzucker

Industrieller Einheitsgeschmack

Manchmal stark gezuckert

Verwirrende Herkunftsinformationen

Apfelmus

Wenn Regionalität zur Realität werden soll

Frische Früchte sind geschmacklich nur schwer zu toppen. Wem aber Obst aus aller Herren Länder wegen seiner oft weiten Transportwege ein Gräuel ist, braucht Alternativen. Apfelmus oder -kompott zum Beispiel. Es ist gut lagerfähig und bewahrt auch nach dem Einkochen die fruchtige Süße seiner Hauptzutat. Und wer selbst zum Kochlöffel greift, kann neben der Süße und Menge auch noch ein garantiert regionales Produkt herstellen. Denn anders als verarbeitetes Obst muss Frischobst immer mit seiner Herkunft gekennzeichnet sein, egal, ob es unverpackt oder als lose Ware verkauft wird.

Fast ganzjährig regional verfügbar

Haupterntezeit des Apfels ist hierzulande der Oktober. Dunkel, kühl und bei hoher Luftfeuchtigkeit gelagert, lassen sich die meisten Apfelsorten gut aufbewahren, sodass das regionale Angebot lediglich in den Monaten Mai und Juni nahezu brachliegen muss. Im Juli können schon die ersten Sommersorten geerntet werden, etwa der Klarapfel, der jedoch praktisch nie in den klassischen Einzelhandel gelangt. Der Grund: Der Klarapfel sollte sofort, spätestens nach zwei Wochen, verzehrt oder verarbeitet werden. Aufgrund seines fein säuerlichen Aromas und seiner hellen Fleischfarbe eignet er sich besonders gut für die Herstellung von Apfelmus.

Säure, Sorte, Süße: alles in eigener Hand

Dazu aber sind auch andere, insbesondere süßsaure Apfelsorten bestens geeignet, etwa Cox Orange, Boskop, Elstar, Berlepsch oder Gravensteiner. Der Zusatz weiteren Zuckers ist dann reine Geschmackssache, ein Spritzer Zitrone mehr eine Frage der Optik. Denn sobald aufgeschnittene Äpfel Luftsauerstoff ausgesetzt sind, verfärben sie sich braun. Das verhindert Ascorbinsäure, auch als Vitamin C bekannt, die in Zitronensaft reichlich vorhanden ist. Deshalb findet sie sich in der Zutatenliste von industriell erzeugtem Apfelmus als Antioxidationsmittel ebenso oft wie auch als Säuerungsmittel. Welche Apfelsorten in der Industrieware eingesetzt werden, bleibt dagegen – wie auch die Herkunft der Früchte – meist ungewiss. Denn diese Informationen kommen allenfalls freiwillig auf das Etikett.

Einkaufstipp

Vertrocknete Stiele sind ein Hinweis auf alte Äpfel.

Gewachste Äpfel

Das Wachsen ihrer Oberfläche, etwa mit Bienenwachs, schützt Äpfel vor dem Austrocknen und verlängert ihre Haltbarkeit. In Deutschland ist das künstliche Wachsen verboten, in anderen EU-Staaten jedoch erlaubt. Gewachste Äpfel erkennt man an dem Hinweis „gewachst“.

ZUCKER

Apfelmus

Dass Apfelmus am besten schmeckt, wenn es von frischen Äpfeln selbst zubereitet ist, versteht sich von selbst. Und dass das viel einfacher geht, als viele denken, stelle ich hiermit fest.

Zutaten
für 4 Personen

600 g süßsaure Äpfel (wie Cox Orange, Elstar oder Pinova)

50 g Zucker

Die **Äpfel** schälen, vierteln, die Kerngehäuse entfernen und die Viertel noch einmal längs halbieren. Mit 2 EL Wasser und dem **Zucker** in einem Topf zugedeckt bei mittlerer Hitze ganz weich dünsten. Mit einem Kartoffelstampfer zerstampfen und durchrühren. Im offenen Topf auskühlen lassen.
Noch aromatischer wird das Apfelmus mit einer Flotten Lotte, dem alten Klassiker unter den Püriergeräten. Dann die Äpfel nur waschen, Stiel und Blütenansatz entfernen. Fruchtfleisch mit Schale und Kerngehäuse grob zerkleinern und weiter wie oben beschrieben vorgehen. Anschließend die weichen Äpfel durch die Flotte Lotte passieren, fertig.

Selbst gemachtes Apfelmus hat gleich mehrere Vorteile: Man kann immer genau die richtige Menge herstellen, die Apfelsorte selbst bestimmen und auch den Süßegrad.

Ich gehe jede Wette ein, dass Sie danach nie wieder Apfelmus aus dem Glas verwenden.

Tipp

Apfelmus oder -kompott lässt sich tiefgekühlt acht bis zwölf Monate aufbewahren. Rohe Äpfel eignen sich dagegen nicht zum Einfrieren.

Olivenöl hat Seltenheitswert
Sulfite
Festigungsmittel
DR. LECKER
Antipasti Platte
mediterran

Antipasti

Italienische Tradition industriell interpretiert

In Olivenöl eingelegte Gemüsesorten wie Paprika, Aubergine oder Zucchini sind Klassiker der italienischen Vorspeisenküche. Längst werden die als Antipasti bezeichneten Leckereien nicht mehr allein frisch zubereitet in den Vitrinen einschlägiger Restaurants und Feinkostläden angeboten, sondern auch im Supermarktregal. Ein Weg, der Spuren hinterlassen hat, wie der Blick in die Zutatenlisten der Fertigprodukte zeigt. Da ist es vielleicht kein Zufall, dass diese sich oft auf der Packungsunterseite befinden. Denn optisch kann die Fertigware durchaus punkten.

Ein Sammelbecken an Zusatzstoffen

Das mag mitunter daran liegen, dass Antioxidationsmittel wie Ascorbinsäure – wenn auch nichts anderes als Vitamin C – dafür sorgen, dass die bunten Gemüsesorten nicht an Farbe verlieren. Bisweilen schleicht sich unter dem Deckmantel der Antioxidationsmittel Schwefeldioxid ins Produkt. Diese Funktionsbeschreibung ist rechtlich nicht zu beanstanden, denn neben seiner konservierenden Wirkung hat der unter der Nummer E 220 zugelassene Zusatzstoff auch antioxidative Eigenschaften. Und das klingt doch irgendwie besser. Kommen reine Konservierungsmittel wie Benzoesäure zum Einsatz, können derlei Tricks nicht angewendet werden. Mit dem Zusatz der künstlichen Hilfen geht die Industrie auf Nummer sicher bei der Haltbarkeit. Denn das Einlegen in Öl allein schützt nur sehr begrenzte Zeit vor Verderb.

Raps und Sonnenblume statt Olive

Apropos Öl: Hier geht die Industrievariante der Antipasti sehr eigene Wege. Meist enthalten die Produkte überwiegend – wenn nicht ausschließlich – Sonnenblumen- oder Rapsöl. Aus ernährungsphysiologischer Sicht mag das für das Produkt sogar vorteilhaft sein. Denn diese Öle sind besonders reich an mehrfach ungesättigten Fettsäuren. In diesem Punkt kann das traditionell für Antipasti-Gemüse verwendete Olivenöl nicht mithalten. Dafür aber mit seinem feinen, je nach Sorte individuellen Aroma. Da gibt das Selbermachen viel Raum für die eigenen Vorlieben – ob fruchtig, leicht bitter oder mit feiner Schärfe.

Konservierung

Das Einlegen in Öl konserviert das Gemüse nicht, es schließt es nur luftdicht ein und schützt es auf diese Weise. Erhitzen, Marinieren in Essig oder Salzen sind mögliche ergänzende Konservierungstechniken.

Die Zubereitung der beiden Gemüsesorten ist recht ähnlich, aber individuell etwas anders. Beide werden getrennt bei starker Hitze mit wenig Olivenöl und nur ganz kurz von beiden Seiten gebraten, bis sie bräunen, und dann getrennt mariniert.

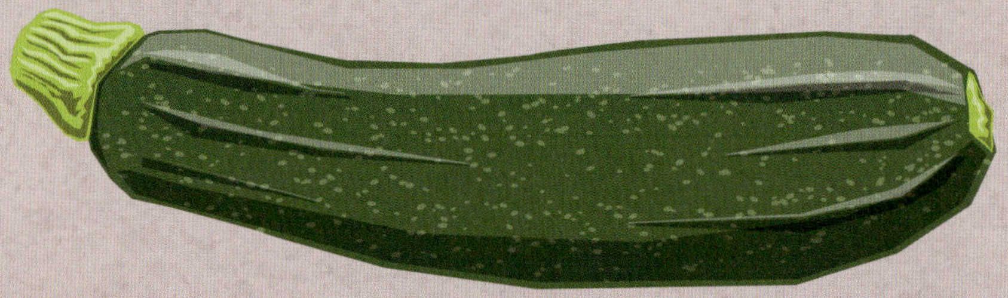

Antipasti

Für alle eingelegten Antipasti gilt: Immer bei Umgebungstemperatur servieren sowie grobes Meersalz und eine Pfeffermühle mit schwarzem Pfeffer bereitstellen! Nicht am Olivenöl sparen!

Rote Paprikaschoten

Den Backofen auf 220 °C Ober-/Unterhitze vorheizen. Die **Paprikaschoten** waschen, längs halbieren, Samen und Scheidewände entfernen, die Paprikahälften mit den Außenseiten nach oben auf ein Backblech legen und in die oberste Schiene des Backofens schieben. Den Grill einschalten und die Schoten ca. 15 Minuten grillen, bis die Haut große schwarze Blasen wirft. Die Paprikaschoten vom Blech nehmen, in eine Schüssel legen und mit einem Teller abgedeckt abkühlen lassen.
Dann die Haut von den kalten Paprikaschoten abziehen. Die Schoten leicht **salzen** und **pfeffern** und in eine flache Schüssel legen. Darin etwa 5 Minuten ruhen lassen, dann mit so viel **Olivenöl** vermischen, dass sie gleichmäßig davon überzogen sind. Mit Frischhaltefolie abdecken. Im Kühlschrank mindestens 2 Stunden durchziehen lassen.

Besonders attraktiv ist die Mischung von gelben und roten Paprikaschoten. Grüne eignen sich dafür nicht so gut, weil sie etwas zu herb schmecken.

Zutaten
für 6 Personen

- 6 rote Paprikaschoten
- Meersalz
- frisch gemahlener schwarzer Pfeffer
- reichlich Olivenöl

Zucchini und Auberginen

Zucchini und **Auberginen** waschen, die Endstücke abschneiden und die Früchte längs auf dem Gemüsehobel in knapp 0,5 cm dicke Scheiben hobeln. Auberginen auf einem Brett ausbreiten, auf der Oberseite mit **Salz** bestreuen, 30 Minuten ziehen lassen und dann die Flüssigkeit, die sich auf der Oberfläche gebildet hat, mit Küchenkrepp abtupfen. Für die Zucchini ist das nicht nötig.
Die typischen braunen Röststreifen bekommt man nur in einer Grillpfanne, aber es geht auch in einer normalen Pfanne. Dafür die Pfanne sehr heiß werden lassen, wenig **Olivenöl** hineingießen und die Auberginen- und Zucchinischeiben bei starker Hitze höchstens 2 Minuten auf jeder Seite braten. Nicht mehr Gemüsescheiben braten, als nebeneinander in die Pfanne passen.
Noch während des Bratens mit **Meersalz, Pfeffer** und **Zitronensaft** würzen. Aus der Pfanne nehmen und abkühlen lassen. Dann getrennt voneinander in eine Form schichten und mit etwas **Olivenöl** beträufeln. Mindestens 2 Stunden durchziehen lassen.

Zutaten
für 6 Personen

- Zucchini
- Auberginen
- grobes Meersalz
- Olivenöl
- frisch gemahlener schwarzer Pfeffer
- frisch gepresster Zitronensaft

Tipp

Die beiden großen Klassiker der italienischen Antipasti lassen sich im Sommer auch gut auf dem Grill vorbereiten.

Färbung mit Beta-Carotin

Milchsäurezusatz beschleunigt die Produktion

Verwirrende Herkunftsinformationen

Butter/geklärte Butter

Selbst gemacht ein Abenteuer und Geschmackserlebnis

Eine Kanne frische Milch, zwei Tage warten – und fertig. In der Art kann man sich die traditionelle Butterherstellung vorstellen. Wer sich heute ans Selbermachen wagt, braucht vor allem Kraft und Geduld, wird dann aber auch mit dem unvergleichlichen Geschmack frischer, zart schmelzender Butter belohnt. Da kann keine Industriebutter mithalten, wenngleich ihre industrielle Herstellungsweise die Tradition weit weniger entfremdet, als es bei manch anderem Fertigprodukt der Fall ist: Der Rahm wird durch Zentrifugation von der Milch abgetrennt. Nach einer Hitzebehandlung folgt ein natürlicher Reifungsprozess. Mildgesäuerter Butter werden dazu Milchsäurebakterien zugesetzt – das geht schneller und schmälert Kosten. Zuletzt wird so lange geschlagen – das heißt „gebuttert" –, bis sich die Milchfettkügelchen zusammenballen.

Streichfähigkeit und Farbe

Irischer Butter eilt der Ruf voraus, besonders streichzart zu sein. Der Grund: Bekommen die Tiere viel Grünfutter, ist der Anteil ungesättigter Fettsäuren in der Milch höher. Deren räumliche Struktur ist weniger symmetrisch als die der gesättigten Fettsäuren, sodass sich zwischen den einzelnen Molekülen schwächere Bindungen ausbilden. Ein Effekt, der in der industriellen Produktion übrigens auch durch eine spezielle Temperaturführung während der Reifung erreicht werden kann. Ein anderer Vorteil der Frischgrasfütterung kann nicht ganz so leicht ausgeglichen werden: Viel Grünfutter begünstigt die Bildung von Beta-Carotin in der Milch. Der Stoff sorgt für die blassgelbe Farbe der Butter. Er darf Butter als Farbstoff zugesetzt werden. Das allerdings muss dann auch in der Zutatenliste stehen.

Zum Braten: geklärte Butter

Wegen ihres feinen Aromas ist es verlockend, Butter zum Braten oder Frittieren zu verwenden. Dass sie dabei schnell schwarz wird, hat Gründe, die leicht behoben werden können: Butter enthält hitzeempfindliche Eiweiße, die bei hohen Temperaturen leicht verkohlen. Das schmeckt nicht und sieht auch nicht schön aus. Lässt man Butter aber bei schwacher Hitzezufuhr sachte schmelzen, setzen sich die Eiweiße ab und können abfiltriert werden. So entsteht temperaturbeständiges Butterreinfett, das in Sachen Geschmack und Aroma klassischer Butter in nichts nachsteht.

Handelsklassen

Die Bezeichnung von Butter nach Handelsklassen ist nicht mehr gesetzlich vorgeschrieben, sondern erfolgt freiwillig. Dazu wird die Butter einmal monatlich auf Kriterien wie Aroma, Aussehen und Streichfähigkeit geprüft. „Deutsche Markenbutter" überzeugt die Prüfer zu mindestens 80 Prozent, für das Gütezeichen „Deutsche Molkereibutter" genügen 60 Prozent der Gesamtpunktzahl.

Fettreduzierte Butter

Dreiviertelfettbutter, Halbfettbutter und Milchstreichfett „x vom Hundert" dürfen den Konservierungsstoff Sorbinsäure sowie Speisegelatine enthalten.

Butter oder Margarine

Butter enthält von Natur aus die Vitamine A, D, E und K. Ihre Fettsäuren sind überwiegend gesättigt, was gesundheitlich eher nachteilig ist. Da diese aber vom kurzkettigen Typ sind, ist Butter gut verdaulich. Margarine wird mit Vitaminen angereichert, damit sie mit Butter mithalten kann. Ihre Fettsäurezusammensetzung kann der Hersteller je nach Zutatenwahl nahezu frei gestalten.

Eigentlich kommt dabei dasselbe wie bei der gekauften Variante heraus, nur schmeckt die hausgemachte geklärte Butter deutlich buttriger.

Butter/geklärte Butter

Da man zu Hause nur normale Haushaltsrührgeräte hat, bleibt etwas mehr Flüssigkeit in der Butter enthalten als bei der zentrifugierten, industriell hergestellten Butter. Das macht sie aber sahniger und frischer im Geschmack. Nehmen Sie allerdings besser keinen Handmixer dafür – meiner gab nach 5 Minuten auf, für immer. Da muss schon die starke Küchenmaschine ran!

Butter

Die kalte **Sahne** in die große Schüssel einer Küchenmaschine gießen. 2 Minuten bei mittlerer Geschwindigkeit mit dem Quirleinsatz rühren, bis die Sahne anfängt, leicht cremig zu werden. Die Geschwindigkeit auf höchste Stufe schalten und etwa 5 Minuten weiterschlagen. Sobald sich zunehmend flüssige Molke in der Schüssel bildet und das Fett beginnt auszuflocken, die Maschine stoppen. Die Molke durch ein Sieb abgießen. Für die gesalzene Butter jetzt das **Salz** auf die Butter streuen.
Die sich bildende Butter noch einmal etwa 2 Minuten weiterschlagen, bis sich die Masse fast komplett im Quirl verfängt und auch schon deutlich gelb wie Butter aussieht. Die Molke wieder durch ein Sieb abgießen, dann die Butter ganz schnell und fest mit der Hand durchkneten. In Frischhaltefolie einwickeln, zu einer Rolle oder einem rechteckigen Stück formen und im Kühlschrank kalt werden lassen.

Zutaten

für 150 g Butter

500 g kalte Biosahne (ohne Zusatz von Stabilisatoren; mind. 32 % Fett)

Zusätzlich für die Biosüßrahmbutter mit Meersalz

3 g Fleur de Sel

Geklärte Butter

Eigentlich kommt dabei dasselbe wie bei der gekauften Variante heraus, nur schmeckt die hausgemachte geklärte Butter deutlich buttriger. Darin zum Beispiel Bratkartoffeln aus frischen Kartoffeln zu braten, ergibt ein sehr außergewöhnliches Resultat. Schmeckt wie Pellkartoffeln mit Butter, aber mit zusätzlichen Röstnoten …

Die **Butter** in Stücke schneiden und in einem kleinen Topf bei mittlerer Hitze schmelzen. Ohne zu rühren warten, bis die Butter anfängt, leicht zu köcheln, wobei etwas Eiweiß nach oben steigt, aber der Rest sich unten am Topfboden absetzt. Nun 2 Minuten sanft köcheln lassen, dann die Hitze abschalten und 10 Minuten warten.
Mit einem Löffel das Eiweiß von der Oberfläche abschöpfen, dann die geklärte Butter durch ein feines Sieb vorsichtig abgießen, bis das unten abgesetzte Eiweiß mitkommt. Nicht weitergießen, weil dieses Eiweiß nicht im Sieb hängen bleibt. Geklärte Butter in ein Schraubglas gießen und im Kühlschrank fest werden lassen.

Zutaten

für ca. 180 g

250 g Butter

Tipp

Selbst gemachte Butter und Butterzubereitungen mit Kräutern oder anderen Zusätzen halten im Kühlschrank gut eine Woche. Geklärte Butter ist gekühlt mehrere Monate haltbar. Butter sollte immer verschlossen gelagert werden, da sie leicht Fremdgerüche annimmt.

Oft mehr Zwiebeln als Kräuter

Aromatisiert

Kräuterbutter

Gegen Zwiebeln ist wenig Kraut gewachsen

Eines muss man Fertigkräuterbutter lassen: Hier weiß man, was man hat – Butter, gefolgt von Zwiebeln und Petersilie. So beginnen nahezu alle Zutatenlisten des Industrieprodukts. Auch danach folgt wenig Varianz. Dabei bleibt der geschmackliche Einheitsbrei, in dem sich die Fertigware präsentiert, weit hinter den kulinarischen Möglichkeiten der eigentlich so einfachen Mischung aus Butter und frischen Kräutern zurück.

Kaum mehr als eine Krautbutter

Die bisweilen so kreativ anmutende Industrieküche setzt bei Kräuterbutter vor allem auf die Petersilie, lediglich vereinzelt findet sich zusätzlich Schnittlauch in der Zutatenliste. Fast scheint die Bezeichnung „Petersilienbutter“ naheliegender, wäre da nicht der Begriff „Kräuter“, der sich oft weit hinten in der Zutatenliste findet. Welche Kräuter das allerdings sind, erfährt der Käufer nicht. Denn Kräutermischungen – wie im Übrigen auch Gewürzmischungen –, die im Produkt höchstens 2 Mengenprozent ausmachen, müssen nicht in ihren Einzelzutaten aufgeschlüsselt werden. Ganz abwegig wäre übrigens auch die Bezeichnung „Zwiebelbutter“ oft nicht. Denn ihr Gehalt überwiegt meist gegenüber den Kräutern. Knoblauch dagegen findet sich sowohl als klassische Zutat, aber auch als Aroma im Fertigprodukt. So lässt sich die Schärfe, die von zu viel frischem Knoblauch ausgehen kann, wohldosieren.

Ansonsten aber alles in Butter

Beim Selbermachen können Knoblauchzehen kurz vorgegart werden – das nimmt ihnen einen Teil des schwefelhaltigen Allicins und damit die Schärfe. Werden allerdings frische Kräuter verwendet, kann auf andere stark aromatisierende Zutaten wie Zwiebeln oder Knoblauch ohnehin verzichtet werden. Der Verlockung, Kräuterbutter mit ein wenig Pflanzenfett streichzarter zu machen, darf beim Selbermachen natürlich nachgegangen werden. Anders bei der industriellen Herstellung oder beim offenen Angebot in Restaurants oder im Biergarten: Ist der Begriff „Butter“ Teil der Bezeichnung, sind Fette jenseits des Milchfettes tabu. Das ist gesetzlich vorgeschrieben. Solche Produkte müssen sich dann mit weniger charmanten Bezeichnungen wie „Kräuterbutterzubereitung“ begnügen.

Servieren

In Klarsichtfolie eingeschlagen lässt sich auch selbst gemachte Kräuterbutter in eine dicke Rolle formen. Nach dem Kühlen lässt sie sich in Scheiben schneiden. Alternativ kann die Butter auch mit dem Spritzbeutel dosiert und dann erst gekühlt werden.

Kräuterbutter

Im Vergleich zur handelsüblichen Kräuterbutter mit getrockneten Kräutern trumpfen hier natürlich die frischen Kräuter besonders auf.

Den **Schnittlauch** waschen, trocken schütteln und in sehr feine Röllchen schneiden. Auch **Petersilie** und **Kerbel** sollten sehr fein gehackt sein, damit die Butter die Aromen der Gewürze besser aufnehmen kann. Den **Knoblauch** schälen und durchpressen.
Kräuter, Knoblauch und **Butter** mischen, dezent **salzen** und im Kühlschrank fest werden lassen.
Wenn Sie die typische Kräuterbutter-Rolle aus dem Supermarktregal nachahmen wollen, können Sie die Kräuterbutter halbfest aus dem Kühlschrank nehmen, schnell mit den Händen zu einer Rolle formen und in Frischhaltefolie wickeln. Richtig kalt werden lassen. Zum Servieren kann man sie so in dicke Scheiben schneiden. Dazu das beste Baguette, das Sie bekommen können.

Zutaten

für ca. 250 g

- 1 Bund Schnittlauch
- 1 gehäufter TL sehr fein gehackte Petersilie
- 1 gehäufter TL sehr fein gehackter Kerbel
- 1 sehr kleine Knoblauchzehe
- 200 g zimmerwarme Butter (siehe Seite 81)
- Meersalz

Tipp

Selbst gemachte Kräuterbutter hält sich im Kühlschrank ein paar Tage. In Folie kann sie auch eingefroren werden.

DR. LECKER
Mayonnaise
Aromen
Maltodextrine
Hefeextrakt
Farbstoffe

Mayonnaise

Viel Fett für den Feinschmecker

Eines will – und kann – eine gute Mayonnaise garantiert nicht sein: ein Schlankheitsprodukt. Bei einem typischen Fettgehalt von 80 Prozent sollte man bei ihr mit dem Kalorienzählen erst gar nicht anfangen. Salatmayonnaisen kommen da im Vergleich wie Betschwestern daher: Ihr Mindestfettgehalt liegt nach allgemeiner Verkehrsauffassung bei 50 Prozent. Ihr trotzdem cremiges Mundgefühl verdanken sie dem Einsatz von Verdickungsmitteln, etwa Guarkern- oder Johannisbrotkernmehl. Solche technologischen Hilfen sind bei klassischer Mayonnaise genauso wie beim Selbermachen zu Hause tabu.

Eidotter als Emulgator

Wozu auch. Denn anders als die Salatmayonnaisen enthält Mayonnaise typischerweise Eigelb; nach allgemeiner Verkehrsauffassung mindestens 5 Prozent. Üblich sind rund 6 Prozent, die dann – neben der Wahl hochwertiger Öle aus Soja, Sonnenblume oder Raps – auch das Attribut „Delikatess" in der Produktbezeichnung rechtfertigen. Manchmal zeigt sich in der Zutatenliste übrigens gelb färbendes Curcuma. Ein Schelm, der Böses dabei denkt. Farbstoffe, etwa solche, die einen höheren Eigelbgehalt vortäuschen könnten, darf Mayonnaise nämlich nicht enthalten. Doch zurück zu den technologischen Wunderwirkungen des Eigelbs: Das enthält verschiedene Verbindungen mit emulgierenden Eigenschaften, darunter die bekannten Lecithine und das vielleicht weniger bekannte Phosvitin. Sie lösen sich übrigens besonders gut aus dem Eidotter, wenn bereits zu Beginn Salz zugegeben wird. Das öffnet die Granulen, die das Phosvitin einschließen.

Selbst machen und Salmonellen

Einen unbestreitbaren Vorteil haben Fertigmayonnaisen gegenüber selbst gemachten Varianten: Sie sind garantiert keimfrei. Dabei geht es um mehr als bloße Haltbarkeit. Hühnereischalen und – wegen der feinen Poren – auch das Ei selbst können Salmonellen enthalten. Bei durcherhitzten Speisen ist das Risiko einer Darminfektion gering. Denn die Hitze tötet Salmonellen in der Regel sicher ab. In der industriellen Produktion gewährleisten eine schonende Wärmebehandlung und eine sterile Abfüllung die Sicherheit der Mayonnaise. Der Preis dafür: Die Hitze verändert den Geschmack des Eigelbs. Der bleibt beim Selbermachen erhalten. Hier aber dürfen in Sachen Frische und Hygiene bei der Zubereitung keine Kompromisse gemacht werden.

Ein paar Worte zum Öl

Fertigmayonnaise ist in der Regel aus Sonnenblumen- oder Rapsöl hergestellt. Selten wird Sojaöl eingesetzt. Diese Öle gelten wegen ihrer vergleichsweise hohen Gehalte an ungesättigten Fettsäuren als ernährungsphysiologisch wertvoll. Olivenöl verleiht einer Mayonnaise eine besondere Geschmacksnote.

Salatcremes

Der Mayonnaise ähnelnde Produkte mit einem Fettgehalt unter 50 Prozent dürfen nicht als Mayonnaise bezeichnet werden. Üblich sind Bezeichnungen wie Crème légère.

Tafelsenf
scharf
PFLANZEN
ÖL

Mayonnaise

Diese Mayonnaise ist fast so schnell gequirlt, wie Sie ein Glas Fertigmayonnaise öffnen können, und sie gelingt garantiert immer.

Eigelbe, Ei, Senf, Zitronensaft, Salz und **Pfeffer** in einen Mixbecher geben. Das **Pflanzenöl** zugeben und mit dem Mixstab auf höchster Stufe zu Mayonnaise mixen. Abschmecken, fertig. Himmlisch!

Zutaten

für etwa 300 g

2 Eigelb (Größe L)

1 Ei (Größe L)

½ TL scharfer Senf (am besten selbst gemacht, siehe Seite 106)

einige Tropfen frisch gepresster Zitronensaft

Meersalz

frisch gemahlener schwarzer Pfeffer

150 ml Pflanzenöl

Tipp

Mayonnaise immer mit frischen Eiern herstellen und bald verzehren. Im Kühlschrank kann sie unterhalb von 7 °C höchstens zwei Tage aufbewahrt werden.

Antioxidationsmittel
Konservierungsstoffe
Verdickungsmittel
Säuerungsmittel
Aromen
DR. LECKER
REMOULADE
MIT BESTEM 65% PFLANZENÖL
500 ml ℮

Remoulade

Ein unterschätztes Stiefkind der Mayonnaise

Remoulade ist heute eher bekannt als treuer Begleiter von Hotdogs oder fertig belegten Brötchen denn als akzeptiertes Mitglied der feinen Küche, in der sie Braten oder Meeresfrüchten das gewisse Etwas verleiht. Über die Gründe dafür lässt sich nur spekulieren. Ein Blick in die Zutatenliste handelsüblicher Remouladen hilft bei der Spurensuche. Denn dort finden sich zahlreiche Zutaten, die mit der ursprünglichen Rezeptidee – eine Sauce auf Basis von Mayonnaise oder Salatmayonnaise mit Kräutern oder würzenden Pflanzenteilen – nicht viel gemein hat.

Weniger Fett, dafür Verdickungsmittel

Fertigremouladen kommen selten ohne Verdickungsmittel aus. Der Grund: Oft enthalten sie weit weniger als 80 Prozent Fett, werden also auf Basis von Salatmayonnaisen und nicht etwa klassischer Mayonnaise hergestellt. Die cremige Konsistenz einer Mayonnaise aber beruht auf ihrem hohen Fettgehalt, kombiniert mit viel Eigelb. Mammutanteile dieser beiden Zutaten muss man bei den Fertigremouladen in der Regel suchen. Vielmehr kommen Verdickungsmittel zum Einsatz. Meist die als Zusatzstoffe zugelassenen Produkte Guarkernmehl, Johannisbrotkernmehl, Xanthan oder modifizierte Stärke. Manchmal auch native Stärke. Oft landen verschiedene dieser Stoffe im Produkt. Der Grund: Lösungen ihrer Mischungen sind meist viskoser als die ihrer Einzelkomponenten. Ein klassischer Fall von Synergismus also.

Beim Aroma wird oft nachgeholfen

Verdickungsmittel sind nicht per se schlecht. Immerhin spart diese Variante Kalorien. Allerdings bleibt mit dem Fett und dem oft fehlenden Eigelb auch der typische Remouladengeschmack auf der Strecke, denn Verdickungsmittel schmecken neutral. Darüber können auch die typischen würzenden Zutaten nicht hinweghelfen – zumindest nicht ohne Unterstützung. Neben Kräutern, die mangels Frische im Fertigprodukt nur einen Bruchteil ihres aromatischen Potenzials entfalten können, kommen Aromen und Gewürze zum Einsatz. Welche Gewürze, das erfährt der Käufer in der Regel nicht, denn die Mischungen müssen in der Zutatenliste erst ab einer Verwendungsmenge von 2 Prozent in ihren Einzelzutaten aufgeschlüsselt werden. Ein Grund mehr, selbst zum Kochlöffel zu greifen. Denn dann ist auch klar, was drin ist.

Kräuter

Typischerweise wird Remoulade mit Schnittlauch, Petersilie und Estragon zubereitet. Doch hier sind der Fantasie keine Grenzen gesetzt. Erlaubt ist, was schmeckt.

Weniger Kalorien

Remoulade auf Basis von Mayonnaise kann mit Milcherzeugnissen wie Joghurt oder Schmand gestreckt werden. Das macht den Genuss ein wenig leichter.

KAPERN
SCHMAND
30% Fett

Remoulade

Die **Kapern** unter fließendem kaltem Wasser abspülen, abtropfen lassen und fein hacken. Die **Gewürzgurken** fein würfeln und beides mit der **Mayonnaise** und dem **Schmand** verrühren.
Mit **Salz, Pfeffer, Zucker, Kerbel** und vielleicht noch etwas vom **Gewürzgurkensud** abschmecken. Dann 30 Minuten kühl stellen.
Klassisch kommt diese Remouladensauce auch ohne Kerbel aus, aber es ist eine sehr reizvolle Variante.

Zutaten

für ca. 400 g

1 EL Kapern in Salz (aus dem Glas)

3 kleine Gewürzgurken plus etwas Sud nach Geschmack (siehe Seite 69)

Mayonnaise (siehe Seite 89)

50 g Schmand (mind. 20 % Fett)

Meersalz

frisch gemahlener schwarzer Pfeffer

1 Prise Zucker

1 EL gehackter Kerbel

Tipp

Wird Remoulade aus selbst gemachter Mayonnaise mit Frischei hergestellt, ist ihre Lagerfähigkeit begrenzt: Im Kühlschrank kann sie unterhalb von 7 °C höchstens zwei Tage aufbewahrt werden.

DR. LECKER
AIOLI
Premiumqualität
200 g
Zucker
Aromen
Oft Rapsöl statt Olivenöl
Konservierungsstoffe

Aioli

Eine Creme, die einem den Atem stocken lässt

Knoblauch, Olivenöl, Salz: Eine nach traditioneller Rezeptur hergestellte Aioli ist nur etwas für hartgesottene Knoblauchgenießer mit tolerantem Familien- und Freundeskreis. Und auch ihre Zubereitung ist eine Kunst für sich. Denn obwohl die aus dem Mittelmeerraum stammende Knoblauchcreme optisch an die Mayonnaise erinnert, fehlt es ihr traditionell an Zutaten mit emulgierender Wirkung. Varianten mit Eigelb und Zutaten, die die Emulsion stabilisieren, sie andicken und ihr eine gewisse Sämigkeit verleihen, haben sich deshalb längst etabliert.

Geschmackvolle Konservierungsmittel im Einsatz

Von klassischen Verdickungsmitteln wie modifizierter Stärke oder Guarkernmehl und Xanthan abgesehen, wartet die Industrieküche allerdings mit weiteren Aioli-Zutaten auf, deren Nutzen und Notwendigkeit sich erst auf den zweiten Blick erschließen. Denn längst nicht alles, was geschmackliche Eigenschaften hat, wird allein deshalb zugesetzt. Zucker, Branntweinessig und Senfsaat haben jeweils auf ihre Art konservierende Wirkungen: Zucker bindet Wasser, Essig senkt den pH-Wert, Senföle wirken antibakteriell. Dass auch Knoblauch selbst wegen seiner Inhaltsstoffe Alliin und Allicin konservierend wirken kann, kommt bei seinen Gehalten in Fertigaioli – anders als in der traditionellen Rezeptur – allerdings kaum zum Tragen.

Frisches Eigelb und Kartoffeln als natürliche Helfer

Wobei sich der Verdünnungseffekt, der sich automatisch durch die Erweiterung der Originalrezeptur ergibt, auch in der heimischen Küche nicht allein aus sozialen Gründen lohnt. Die Zubereitung der Creme wird einfacher und erfolgversprechender, wenn hier auf natürliche Helfer wie Eigelb und – als Verdickungsmittel – gekochte Kartoffeln zurückgegriffen wird. Ein Produkt für die Vorratsküche ist selbst gemachte Aioli – anders als die vorverpackte Industrieware – allerdings nicht. Ein Geschmackserlebnis der Extraklasse aber allemal.

Meine Lieblingsvariante geht so – sie passt nicht nur zur Fischsuppe, sondern schmeckt auch auf mit Olivenöl knusprig geröstetem Baguette.
OLIVEN ÖL
TOMATEN MARK
PAPRIKA PULVER

Aioli

In der reinen französischen Gourmetlehre besteht eine traditionelle Aioli nur aus püriertem Knoblauch, der mit Olivenöl und etwas Meersalz cremig verrührt wird. Das können Sie mal so versuchen, dafür müssen Sie Knoblauch aber sehr lieben …

Den **Knoblauch** schälen und durchpressen. Die **Kartoffel** pellen und in grobe Stücke schneiden. Knoblauch, die **Eigelbe, Tomatenmark** und **Paprikapulver** mit einem Pürierstab mixen.

Nun das **Olivenöl** in einem dünnen Strahl hineinlaufen lassen, dabei ständig weitermixen und schließlich die in Stücke geschnittene Kartoffel ebenfalls hineinmixen.

Falls das Ganze zu dick geworden sein sollte, die Aioli mit mehr **Olivenöl** oder flüssiger **Sahne** auf die gewünschte Konsistenz bringen. Mit **Meersalz** abschmecken.

Zutaten

für 4–6 Personen

2 Knoblauchzehen

1 kleine gekochte Kartoffel

2 Eigelb

1 TL Tomatenmark

½ TL Paprikapulver

150 ml Olivenöl plus evtl. etwas mehr oder etwas Sahne

Meersalz

Tipp

Die moderne und häufig verwendete Zubereitung ist eine mit Knoblauch gewürzte Mayonnaise. Dazu nehmen Sie einfach das Mayonnaiserezept (siehe Seite 89) und mischen zwei bis drei zerdrückte Knoblauchzehen unter.

Wird Aioli mit Frischei oder auf Basis selbst gemachter Mayonnaise mit Frischei hergestellt, ist ihre Lagerfähigkeit begrenzt: Im Kühlschrank kann sie unterhalb von 7 °C höchstens zwei Tage aufbewahrt werden.

Wichtig für die Zubereitung nach Originalrezept ist, dass das Öl nicht zu kalt ist und sachte, unter Rühren, zugegeben wird. Anderenfalls trennt sich die Emulsion leicht wieder.

DR. LECKER
ROTE CURRYPASTE
400 g e
CURRY
DR. LECKER
CURRY
Finest Food Edition
Kichererbsenmehl
Stärke
Dextrose

Currypulver/Currypaste

Von feurig scharf bis tropisch süß

Lange Zutatenlisten sind bei Industrieprodukten oft eher verdächtig und weniger ein Merkmal kulinarischen Hochgenusses. Bei Currypulver ist das anders: Die traditionell indische Gewürzmischung enthält zehn bis zwölf, bisweilen noch mehr Einzelzutaten, darunter in der Regel das farbgebende Curcuma sowie insbesondere Bockshornkleesamen, Cumin, Fenchel und Koriander, Pfeffer, Chili, Ingwer, Kardamom, Macis, Nelken und Piment. Ein Manko vieler Industriemischungen: Gewürze, deren Gesamtmenge im Produkt weniger als 2 Prozent ausmacht, verstecken sich in der Zutatenliste hinter dem Sammelbegriff „Gewürze“. Das ist erlaubt. Der Kunde aber erfährt dann beispielsweise nicht, ob die Mischung Pfeffer enthält oder nicht.

Currypulver: nicht unbedingt eine reine Gewürzmischung

Schon wegen der unzähligen möglichen Varianten – ob feurig scharf, mild oder süßlich – lohnt der Blick auf die Zutatenliste gebrauchsfertiger Currypulver. Dort müssen alle Zutaten in mengenmäßig absteigender Reihenfolge aufgeführt sein. Steht etwa Chili am Anfang der Liste, verspricht das Curry weit mehr Schärfe als eine Mischung, bei der an erster Stelle Curcuma oder Bockshornkleesamen gelistet ist. Zumal die Zutatenliste noch andere Überraschungen offenbaren kann: Produkte namens „Curry“, „Currypulver“ oder „Curry-Powder“ sind nämlich nach den Leitsätzen für Gewürze und andere würzende Zutaten nicht unbedingt reine Gewürzmischungen. Sie dürfen bis zu 5 Prozent Speisesalz und bis zu 10 Prozent andere Zutaten wie Hülsenfruchtsamenmehl, Stärke oder Dextrose – also Traubenzucker – enthalten.

Auch bei Currypasten lohnt der Blick in die Zutatenliste

Die Zusammensetzung gebrauchsfertiger Currypasten ist – verglichen mit den Pulvern – noch variantenreicher. Denn für sie gibt es keinerlei dokumentierte Beschreibung ihrer üblichen Zusammensetzung. Typischerweise allerdings enthalten sie Garnelenpaste, ein Fermentationsprodukt aus Garnelen und Salz, das manchmal zusätzlich mit Glutamaten aufgepeppt ist. Das Produkt an sich mag für Vegetarier ein Manko sein, ist jedoch aufgrund seiner geschmacksverstärkenden Wirkung eine wichtige Zutat in der asiatischen Küche. Dass manch eine fertige Currypaste zusätzlich Hefeextrakt oder Aromenzusätze enthält, kann da nur erstaunen.

Lagerung

Gewürze sollten lichtgeschützt, trocken und luftdicht verpackt aufbewahrt werden. Da Gewürze mikrobiell belastet sein können, sich ihr Keimgehalt jedoch nicht mittels Hitzezufuhr reduzieren lässt, sollten sie in absehbarer Zeit verbraucht werden.

Gewürzzubereitungen

Steht „Gewürzzubereitung“ auf dem Etikett, müssen lediglich 60 Prozent der Mischung Gewürze sein. Den Rest können Zutaten wie Stärke, Zucker oder Geschmacksverstärker ausmachen. Gewürzmischungen dagegen, etwa Leberwurstgewürz, bestehen ausschließlich aus Gewürzen.

In einem dunklen Glas oder einer dicht verschließbaren Dose bleiben die Aromen mindestens zwei Monate gut erhalten.

Currypulver/Currypaste

Currypulver

Alle ganzen Gewürze in einer Pfanne mit schwerem Boden bei mittlerer Hitze so lange rösten, bis sie zu duften beginnen. In der Pfanne abkühlen lassen.
Die abgekühlten Gewürze fein mörsern oder in einer Gewürzmühle mahlen. Im Mixer geht es auch ganz gut, am besten sind allerdings die Zusatzbecher zum Pürierstab, die ähnlich wie ein Mixer funktionieren – beide schaffen auch die Muskatblüte.
Das Pulver ist zwar nicht ganz so fein wie gemahlen, aber das spielt für den Geschmack keine Rolle. Zum Schluss **Curcuma, Ingwer** und **Galgant** untermischen.

In dieser Mischung ist absichtlich kein Chili enthalten, sie ist aber trotzdem intensiv würzig und ein bisschen pikant. Wenn Sie es schärfer mögen, können Sie ja beim Kochen einfach zusätzlich Chili verwenden.

Zutaten

für 2 Schraubdeckelgläser à ca. 250 g

- 4 TL gelbe Senfsamen
- 2 gehäufte TL Bockshornkleesamen (aus dem Bioladen)
- 1 gehäufter TL schwarze Pfefferkörner
- ½ Zimtstange
- 1 gehäufter TL Kreuzkümmel
- 2 TL Koriandersamen
- 1 TL grüner Kardamom mit der Samenkapsel
- 1 TL Pimentkörner
- 1 TL Muskatblüte (Macis)
- 1 TL Fenchelsamen
- 1 TL Gewürznelken
- 3 TL gemahlener Curcuma
- 1 TL gemahlener Ingwer
- 1 TL gemahlener Galgant

Currypaste

Die **Chilischoten** längs aufschneiden, Samen und Scheidewände entfernen, Chilis grob zerkleinern und 1 Stunde in 500 ml heißem Wasser einweichen. Die **Zwiebeln** und **Knoblauch** schälen und fein hacken, **Galgant** schälen und fein reiben und das **Zitronengras** sehr fein reiben. Die **Koriandersamen** mörsern und die Schale der **Kaffirlimette** mit etwas lauwarmem Wasser mit Spülmittel abwaschen, dann mit klarem Wasser abspülen und trocken reiben. Die Schale abreiben. Die **Sardellen** abspülen und mit einer Gabel fein zerdrücken.
Das Einweichwasser der Chilischoten abgießen und etwa 250 ml davon zurückbehalten. Sämtliche Zutaten in einen Mixer geben und mit 100 ml des Einweichwassers gründlich mixen. Wenn die Paste zu fest ist, noch etwas Flüssigkeit zugießen, bis die Paste die Konsistenz von Tomatenmark hat.
In Gläser füllen und im Kühlschrank aufbewahren – hält sich problemlos wochenlang, wenn man die jeweils benötigte Menge mit einem sauberen Löffel herausholt.

Wie scharf die Paste wirklich werden soll, können Sie nach eigener Vorliebe entscheiden. Nehmen Sie einfach mehr kleine Chilischoten.

Zutaten

für 2 Schraubdeckelgläser à ca. 250 g

- 100 g große getrocknete rote Chilischoten (mittelscharf)
- 2 kleine getrocknete rote Chilischoten (scharf)
- 3 Zwiebeln
- 4 Knoblauchzehen
- 25 g Galgant
- 1 Zitronengrasstange
- 1 EL Koriandersamen
- 1 Biokaffirlimette
- 5 Sardellen in Salz

Dr. Lecker
Tafelsenf
mittelscharf
Sulfite
Gelbfärbung dank Curcuma
Oft aromatisiert

Senf

Wenn die Tradition auf Abwege gerät

Senf ist als vielseitiger Scharfmacher bekannt und beliebt. Vielseitig, weil er mit nahezu unzähligen Geschmacksnuancen verfeinert werden kann. Honig, Estragon, Dill, Feigen, Brombeere – der Fantasie sind hier kaum Grenzen gesetzt. Vielseitig aber auch, weil für seine Herstellung Zutaten verwendet werden dürfen, die mit altbewährter Tradition nicht viel gemein haben, etwa Aromen, Konservierungs- oder Säuerungsmittel. Nicht alle von ihnen finden immer Einsatz. Der Produktvergleich via Zutatenliste lohnt in jedem Fall.

Die traditionellen Vier haben Seltenheitswert

Senf, Essig, Zucker und Salz. Diese vier Zutaten genügen, um schmackhaften Senf unterschiedlicher Schärfe herzustellen. Denn wie scharf die gelbe Würze am Ende wird, bestimmt die Wahl der Senfsaat: Gelber Senf ist vergleichsweise mild im Geschmack, brauner Senf dagegen entfaltet echte Nasenschärfe. Verantwortlich dafür sind verschiedene Isothiocyanate – gemeinhin als Senföle bezeichnet –, die allerdings erst durch nasses Schroten oder Vermahlen der Körner aus den darin befindlichen Senfölglykosiden entstehen. Wichtig dabei: die Temperatur. Steigt sie über 50 °C, gehen charakteristische Senfaromen verloren. Das weiß die Industrie durch ausgefeilte Kühltechniken während der Vermahlung in gewissem Maß zu verhindern. Diese aber haben wegen der schlechten Wärmeleitfähigkeit des pastenförmigen Senfs ihre Grenzen. Das gilt insbesondere in der Massenproduktion. Aromazusätze in der Industrieware haben also gute Gründe.

Zutatenliste lässt Fragen offen

Der scharfe Geschmack von Senf allerdings muss ausschließlich aus der Senfsaat stammen. Ist das nicht der Fall, muss das auf dem Etikett erkennbar sein. Die Zutatenliste hilft hier nur bedingt weiter. Denn sofern Gewürzmischungen in Mengen unter 2 Prozent zugesetzt werden, müssen sie nicht in ihren Einzelbestandteilen aufgeschlüsselt werden. Hinter dem Oberbegriff können sich also senffremde Scharfmacher wie Pfeffer oder Chili verbergen. Oder auch Curcuma. Das schmeckt zwar weniger scharf als vielmehr würzig, färbt aber dafür gelb. Und das kann ja beim Senf kaum schaden. Wer keinen Zweifel an der Echtheit der Schärfe und Farbe seines Senfs haben will, der greift am besten selbst zum Kochlöffel.

Senfsaucen

Auch bei den Senfsaucen lohnt ein Blick ins Zutatenverzeichnis. Ihren Namen verdanken sie oft dem Zusatz von Allylsenföl, das dem Senf seine Schärfe verleiht. Senf – ob als Körner oder gemahlen – sucht man in vielen Produkten dagegen vergebens.

Dijon-Senf

Die Bezeichnung steht nicht für die Herkunft, sondern die Rezeptur des Produkts. Dijon-Senf besteht ausschließlich aus braunen oder schwarzen Senfsaaten, die nicht entölt werden. Senföle haben dem Eigelb vergleichbare emulgierende Eigenschaften. Deshalb eignet sich Dijon-Senf besonders gut zum Kochen.

Lagerung

Das für die Senfschärfe verantwortliche Allylsenföl zersetzt sich bereits bei Raumtemperatur – egal, ob der Senf originalverpackt oder bereits angebrochen gelagert wird. Damit die Schärfe möglichst lange erhalten bleibt, gehört Senf immer in den Kühlschrank.

TAFEL SALZ
TAFELSALZ
ROH ROHR ZUCKER
SENF SAAT
Weiß wein essig

Senf

Für den scharfen Senf müssen die Senfkörner so fein wie möglich gemahlen werden. Da das aber zu Hause meist nicht so fein möglich ist wie bei Industriesenf, ist die Textur des selbst gemachten Senfes etwas körniger. Genau das macht aber auch seinen geschmacklichen Reiz aus.

Scharfer Senf

Die **Senfsamen** fein mahlen. Etwa 200 ml Wasser mit **Essig, Zucker** und **Salz** verrühren und über das Senfpulver gießen. Mit einem elektrischen Rührgerät mindestens 5 Minuten verrühren, bis eine gleichmäßig cremige Paste entstanden ist.
Wenn nötig, teelöffelweise noch mehr kaltes Wasser zugeben, bis die gewünschte Konsistenz erreicht ist. Nach 30 Minuten nochmals verrühren. Abschmecken. Senf entwickelt seine ganze Schärfe und sein Aroma erst nach frühestens 15 Minuten!
Über Nacht abgedeckt ziehen lassen, dann mit dem Mixstab pürieren. Den Senf mit einem Esslöffel durch ein Sieb passieren und in Gläser mit Schraubdeckelverschluss umfüllen. Im Kühlschrank aufbewahren.
Am besten schmeckt der Senf ab etwa einer Woche nach der Herstellung.

Zutaten
für ca. 200 g

100 g gelbe Senfsamen
30 ml Weißweinessig
1 knapper TL Zucker
6 g Meersalz

Süßer Senf nach bayrischer Art

Die **gelben** und 50 g der **braunen Senfsamen** so mörsern oder mahlen, dass sie etwas grobkörniger als Grieß sind. 150 ml Wasser mit dem **Essig** mischen. Den **Zucker** in einem Topf mit dickem Boden bei mittlerer Hitze hellblond karamellisieren. Mit der Essig-Wasser-Mischung ablöschen und köcheln lassen, bis sich der Karamell aufgelöst hat. **Salz** und Senfsamen in einer Schüssel mischen, die Flüssigkeit darübergießen und 5 Minuten mit dem elektrischen Rührgerät mischen. Die restlichen **braunen Senfsamen** fein mahlen und dazugeben. Noch einmal 5 Minuten rühren. 1 Stunde quellen lassen und abschmecken.
Die richtige Konsistenz für süßen Senf ist immer etwas flüssiger als bei der scharfen Variante.
In Gläser mit Schraubdeckelverschluss füllen und im Kühlschrank aufbewahren. Gut verschlossen und gekühlt, ist der Senf ungeöffnet fünf bis sechs Wochen haltbar.

Zutaten
für ca. 500 g

50 g gelbe Senfsamen
70 g braune Senfsamen
30 ml Weißweinessig
100 g Rohrohrzucker
10 g Meersalz

Tipp

Die Wassermengen lassen sich nicht ganz präzise festlegen, weil gemahlene Senfkörner immer etwas anders aufquellen. Die angegebene Wassermenge gilt deshalb als Minimum.

Der hausgemachte Senf entwickelt sein volles Aroma erst nach zwei Tagen im Kühlschrank.

Oft weit mehr Pflanzenöl als Sahne

Meist aromatisiert

Sulfite

Sahne-Meerrettich

Mehr Schwefeltrauma als Sahnetraum

Treibt er einem auch die Tränen in die Augen – sein stechend scharfer Geschmack ist es, was frisch geriebenen Meerrettich ausmacht. Und verfeinert mit Sahne wird dieser für viele Menschen zu einem wahren Genuss. Doch wie gewonnen, so zerronnen: Luftsauerstoff, Hitze und Wasser nehmen der Frischware blitzschnell die Schärfe. Da hilft Säure. Sie hemmt die Hydrolyse der Isothiocyanate, der wichtigsten Scharfstoffe des Meerrettichs, die übrigens auch dem Senf sein typisches Aroma verleihen. Fertiger Sahne-Meerrettich enthält deshalb meist Branntweinessig oder Säuerungsmittel wie Zitronensäure oder Milchsäure. Dabei tut es Zitronensaft genauso gut.

Mit Schwefel tief in die chemische Trickkiste gegriffen

Doch nicht allein die Schärfe von Sahne-Meerrettich muss wohl gehütet werden. Auch sein typisches schillerndes Weiß ist anfällig. Reaktionen von Polyphenolen mit Luftsauerstoff sorgen schnell für Verfärbungen, weshalb nahezu jedes Industrieprodukt geschwefelt ist. Und zwar ordentlich. „Antioxidationsmittel: Natriummetabisulfit" heißt es dann in der Zutatenliste. Überschreitungen der zulässigen Schwefelhöchstwerte sind typische Beanstandungsgründe der amtlichen Überwachung bei Meerrettich-Dauerwaren. Menschen, die sensibel auf Schwefeldioxid reagieren, können mit üblichen Verzehrmengen der Industrieware – auch unabhängig von möglichen Höchstwertüberschreitungen – durchaus Probleme bekommen.

Wenn schon Sahne, dann auch richtig

Gespart werden darf dagegen an der Sahne. Geht es nämlich nach den Qualitätsanforderungen der Hersteller für Meerrettich-Dauerwaren, genügt es für Produkte namens „Sahne-Meerrettich", wenn sie mindestens 2 Prozent Milchfett aus der Sahne enthalten. Übersetzt in die Rezeptursprache der Industrie aber heißt das: Die Mischung kann zusätzlich kostengünstigere Pflanzenöle enthalten. Bei Belieben – und das scheint üblich zu sein – sogar weit mehr als Sahne. Produktbezeichnungen wie „Rapsöl-Meerrettich" oder dergleichen liegen da mitunter näher als „Sahne-Meerrettich". Zwar mag die Verwendung von Rapsöl aus ernährungsphysiologischer Sicht im Vergleich zu Milchfett sogar überzeugen. Aber mal ehrlich – das wiederum fällt bei den üblichen Genussmengen der weißen Creme nun wirklich nicht ins Gewicht.

FEINE SPEISE STÄRKE
MEER SALZ
MEERSALZ
BIO
Schlag-Sahne
32 % Fett
200 g

Sahne-Meerrettich

Selten fällt der aromatische Unterschied zwischen der Supermarktware und der hausgemachten Version so drastisch aus wie beim Sahne-Meerrettich. Das liegt vor allem daran, dass ich keinen Branntweinessig einsetze und so die pure ätherische Schärfe des Meerrettichs viel besser zur Geltung kommt.

Den **Meerrettich** schälen und sehr fein reiben. Sofort mit **allen anderen Zutaten** vermischen.
In einem kleinen Topf bei mittlerer Hitze erhitzen und dabei ständig rühren, bis die Stärke leicht bindet. Das passiert schon beim ersten leichten Köcheln. Dann sofort den noch heißen Meerrettich in die Gläser füllen, fest zudrehen und abkühlen lassen.

Zutaten

für etwa 400 g/2 kleine Schraubdeckelgläser

150 g frische Meerrettichwurzel
200 g Sahne
1 gestrichener TL Zucker
1 gestrichener TL Speisestärke
½ TL Meersalz
2 TL frisch gepresster Zitronensaft

Tipp

Mit frisch aufgeschlagener Sahne zubereiteter Sahne-Meerrettich sollte am besten innerhalb von 2 Stunden verzehrt werden. Danach verliert die Sahne ihren Halt und zerfließt.

Meerrettichwurzel gibt es in der Zeit von September bis Februar frisch zu kaufen. Gelagert werden sollte sie kühl und dunkel, am besten im Keller in einer mit Sand gefüllten Kiste.

Meerrettich verliert beim Erhitzen schnell an Schärfe. Gekocht werden sollte er deshalb nur, wenn das Aroma abgemildert werden soll. Ansonsten nur erhitzen, nicht kochen.

Geschmacksverstärker
Aromen
Maltodextrine
Hefeextrakt
DR. LECKER
GEMÜSE FOND
Für delikate Suppen und Saucen
DR. LECKER
Gekörnte Brühe
GEMÜSE
ergibt 6 Liter
Brühwürfel GEMÜSE
10 Stück
ergeben 6 Liter
Brühwürfel GEMÜSE
10 Stück
ergeben 6 Liter
Brühwürfel GEMÜSE

Gemüsebrühe/Brühwürfel

Speisewürze: weniger ist manchmal mehr
Gemüsebrühwürfel oder Trockenwürze zählen zur Standardausstattung fast jeder Küche. Dem Namen nach bieten sie praktisch dasselbe wie das klassische Bündel Suppengrün. Und noch mehr: kein lästiges Waschen, vielleicht Schälen und Zerkleinern von Lauch, Möhre, Staudensellerie und Petersilie. Auch an die Vorratshaltung muss dank ihrer guten Haltbarkeit nur selten ein Gedanke verschwendet werden. Mit industriell erzeugten Küchenhelfern allerdings schleicht sich auch so manche unbeliebte Zutat in den heimischen Kochtopf ein.

Mehr Geschmacksverstärker als Gemüse
Denn den Gemüseanteil in den Produkten muss man oft fast mit der Lupe suchen. Geschmacksverstärker und Aromen sind derweil Standard in industriell erzeugten Gemüsebrühwürfeln. Selbst wenn Hefeextrakt den Produkten eine natürlichere Note verleihen soll, kommen Hersteller an den chemischen Reinsubstanzen der Glutamate oft nicht vorbei. Das offenbart der Blick ins Zutatenverzeichnis. In Sachen Glutamatverzicht haben die Biohersteller die Nase vorn. Das heißt: Sie haben keine Wahl, denn als Zusatzstoff zugelassene Geschmacksverstärker sind für Biolebensmittel tabu. Aromazusätze finden sich dagegen auch in der Zutatenliste vieler Biovarianten. Das mag zwar der ursprünglichen Idee widersprechen, nicht aber den Realitäten des Marktes.

Konservierte Würze ist eine Frage der Technik
Dabei lässt sich die Würze für den Spontaneinsatz leicht selbst herstellen. Frische Kräuter und Gemüse können sehr gut eingefroren werden. Dabei bleibt ein Großteil der Nähr- und Aromastoffe erhalten. Wichtig bei der Zubereitung zerkleinerter Kräuter-Gemüse-Mischungen: die Hygiene. Denn rohes Gemüse kann mit Erregern von Lebensmittelinfektionen kontaminiert sein. Das gilt insbesondere für Sorten, die in Bodennähe wachsen, wie Möhren, Sellerie und Lauch. Deshalb muss die Ware, wenn sie nicht vor dem Einfrieren blanchiert wird, gut geschält und gewaschen werden. Dann allerdings ist die Tiefkühlmischung geschmacklich eine gute Alternative zur Frischwürze.

Keime im Tiefschlaf
Mikroorganismen werden beim Tiefkühlen nicht abgetötet. Sie stellen lediglich ihren Stoffwechsel vorübergehend ein, sodass sie sich nach dem Auftauen bei geeigneten Temperaturen, in der Regel zwischen 20 und 37 °C, rasch vermehren können.

MEER SALZ
MEERSALZ

Gemüsebrühe/Brühwürfel

Brühwürfel sind ein derart technologisch hergestelltes Industrieprodukt, dass man sie zu Hause nicht nachmachen kann. Man kann sie aber problemlos durch eingefrorenes Gemüsekonzentrat ersetzen.

Brühwürfel (Ersatz)

Möhre und **Knoblauch** schälen, **Lauch, Sellerie** und **Petersilienblättchen** waschen und putzen. Alles in kleine Stücke schneiden (auch das Grüne vom Lauch). In den Mixer geben und zwei- bis dreimal pulsierend hacken, bis das Gemüse sehr klein gehackt, aber nicht püriert ist.

Gleichmäßig in vier kleine Gefrierbeutel füllen und die Luft herausdrücken, sodass die Beutel wie dünne Brettchen eingefroren werden können. So kann man sogar noch kleinere Portionen bedarfsweise abbrechen und den Rest wieder im Gefrierfach lagern.

Zutaten
für ca. 1 l Gemüsefond

1 große Möhre
1 Knoblauchzehe
1 Lauchstange
3 Stangen Staudensellerie (ca. 150 g)
1 EL Petersilienblättchen

Gemüsebrühe

Das **Gemüse** gründlich putzen und waschen, große Teile grob zerkleinern. Die **Zwiebel** und den **Knoblauch** schälen, die Zwiebel halbieren.

Sämtliche Zutaten in 1,5 l kaltes Wasser geben und zum Kochen bringen, dabei nur wenig **salzen.** Circa 30 Minuten leise offen köcheln lassen. Dann die Platte abschalten und die Brühe mit dem Gemüse noch maximal 1 Stunde ziehen lassen.

Durch ein Sieb abgießen und sofort verwenden oder portionsweise einfrieren.

Zutaten
für ca. 1,5 l

1 dicke Lauchstange
2 Möhren
250 g braune Champignons (geputzt gewogen)
100 g Knollensellerie
3 Stangen Staudensellerie
3 Tomaten
1 Zwiebel
1 Knoblauchzehe
2 Lorbeerblätter
5 Thymianzweige
5 Petersilienstängel
10 Pfefferkörner
Meersalz

Tipp

Die Gemüsebrühe kann auf die Hälfte eingekocht und in einer Eiswürfelform eingefroren werden. Würfelweise zum Würzen einsetzen.

Als Würze generell für 4 x 1 l Suppe (etwa Kartoffelsuppe, Linsensuppe etc.) geeignet.

Fragliche Frische
Anfällig für Verderb
Ohne Kühlung geht hier gar nichts
DR. LECKER
BUNTER
MISCHSALAT
gewaschen + verzehrfertig
100 g

Fresh-Cut-Salat

Ein Convenience-Produkt auch für Mikroorganismen

Gewaschen, geschnitten, bunt gemischt aus verschiedenen Blattsalaten, teils kombiniert mit Möhren- oder Weißkohlstreifen oder auch Mais – so präsentiert sich ein wachsendes Sortiment sogenannter Fresh-Cut-Salate im Kühlregal des Einzelhandels. Das frische Salatangebot trifft ohne Frage den Nerv der Zeit: einfach Tüte auf, ein beliebiges Dressing dazugeben und fertig. Schließlich heißt es auf den Packungsaufdrucken der Mischungen oftmals „gewaschen und verzehrfertig".

Verletzte Blätter sind Nährstoffquelle für Keime

Der Haken an den naturnahen Industrieprodukten: Fresh-Cut-Salate können nicht vollkommen keimfrei hergestellt werden. Naturgemäß sind ihre Rohstoffe mit Keimen belastet, die sich auch aufgrund der wenig robusten Struktur von Blattsalat durch gängige Waschverfahren nicht vollständig entfernen lassen. Durch die mechanische Beanspruchung beim Waschen der Salatblätter, spätestens aber durch ihre Zerkleinerung, werden die Pflanzenzellen der Blätter verletzt. Zellsaft tritt aus. Mikroorganismen finden deshalb in den Tüten beste Vermehrungsbedingungen – auch wegen der hohen Luftfeuchtigkeit, die naturgemäß in solchen Packungen vorherrscht. Das gilt vor allem, wenn die Produkte nicht durchgängig bei Temperaturen zwischen +4 °C bis maximal +7 °C gelagert werden. Keime können sich dann binnen kürzester Zeit beträchtlich vermehren.

Natürliche Schutzschicht intakter Salatblätter

Was im Alltag oft untergeht: Eine relevante Unterbrechung der Kühlkette ergibt sich leichter, als man denkt. Da zieht sich der Einkauf etwas länger hin oder die Einkäufe werden im Büro oder im Auto „nur kurz" zwischengelagert. Empfehlenswert wäre deshalb der Einkauf mit der Kühltasche – damit aber geht der Convenience-Charakter der Fresh-Cut-Salate fast schon wieder verloren. Bei unverarbeiteten Blattsalaten und Gemüsesorten ist die natürliche Schutzschicht gegen Keime noch erhalten. Werden die Salatzutaten unmittelbar vor dem Verzehr gewaschen und geschnitten, stehen Genuss und Lebensmittelsicherheit im Vordergrund – und an unerwünschte Keime muss kein Gedanke verschwendet werden.

Einkauf von Fresh-Cut-Salat

Wer zum Salatmix aus der Tüte greift, sollte die Ware in jedem Fall durchgängig kühl lagern, rasch verbrauchen und – auch entgegen der möglichen Packungsangabe „verzehrfertig" – vor Verzehr gründlich waschen. Achten Sie auf das Verbrauchsdatum: Je länger es noch bis zu dessen Ablauf dauert, umso besser. Falls der Beutel aufgebläht ist, kann der Salat bereits verdorben sein.

Das Verbrauchsdatum

Das Verbrauchsdatum muss auf der Packung leicht verderblicher Lebensmittel angegeben werden, beispielsweise bei Hackfleisch, frisch gepressten Obstsäften und auch abgepackten Fertigsalaten. Nach Ablauf ihres Verbrauchsdatums dürfen diese Produkte nicht mehr verkauft und auch nicht mehr verzehrt werden. Anders ist das bei Lebensmitteln, die mit einem Mindesthaltbarkeitsdatum gekennzeichnet sind. Denn das Mindesthaltbarkeitsdatum gibt den Zeitpunkt an, bis zu dem ein Lebensmittel originalverpackt und richtig gelagert seine produkttypischen Eigenschaften beibehält. Es ist kein Wegwerfdatum, sondern eine Orientierungshilfe.

Tafelsenf
scharf
SPEISE
ÖL
Weiß
wein
essig

Fresh-Cut-Salat

Fertig geschnittene Salate aus dem Kühlregal enthalten oft zu viel Gemüse wie Möhren und Rotkohl oder „Billigmacher“ wie Eisbergsalat, um das Gewicht zu erhöhen und die Salate bunter aussehen zu lassen. Ein reiner Blattsalat wie dieser hier hat seinen ganz eigenen Reiz wegen der ausgewogenen Mischung aus knackigen und weichen Salatblättern sowie den feinen Bitterstoffen des Radicchio.

Der Salat

Alle **Salate** waschen, trocken schleudern, dicke Rippen vom Eisbergsalat entfernen. Vom Radicchio den Strunk herausschneiden. Bei den Schnittgrößen entscheidet sich nun, wie gut der Salat wirklich schmecken kann. Je größer die Sorgfalt, desto besser das Ergebnis: Eisbergsalat und Radicchio längs dritteln und quer in möglichst feine, maximal 0,5 cm breite Streifen schneiden. Eichblattsalat und Lollo rosso ebenfalls der Länge nach in drei Streifen, diese dann quer in etwa 2 cm breite Streifen schneiden. Alles miteinander mischen, leicht **salzen** und **pfeffern.**

Zutaten
für 4 Personen

250 g Eisbergsalat
250 g Radicchio
300 g Eichblattsalat
250 g Lollo rosso
Meersalz
frisch gemahlener schwarzer Pfeffer

Die Vinaigrette

Für die Vinaigrette **Essig,** 2 EL Wasser und den **Senf** verquirlen und mit **Zucker, Salz** und **Pfeffer** würzen. Anschließend mit dem **Sonnenblumenöl** mixen.
Die Vinaigrette über den Salat geben und alles gründlich vermischen. Noch einmal abschmecken und 5 Minuten durchziehen lassen.

Zutaten
für die Vinaigrette

3 EL Weißweinessig
1 TL scharfer Senf
1 Prise Zucker
Meersalz
frisch gemahlener schwarzer Pfeffer
100 ml Sonnenblumenöl

Tipp

Blattsalat trocknet leicht aus – wegen seines hohen Wassergehalts und der großen Blattoberfläche. Lagern Sie ihn deshalb in einem Kunststoffbeutel verpackt oder in einem feuchten Tuch eingewickelt im Gemüsefach des Kühlschranks.

Konzentriertes Tomatenmark
Hefeextrakt
Glukosesirup
DR. LECKER
DR. LECKER
TOMATEN KETCHUP
aus sonnenverwöhnten Tomaten
750 ml

Tomatenketchup

Ohne Zucker nur ein Schatten seiner selbst

Fruchtig tomatig, eine leicht süß-saure, dazu würzige Note – so muss guter Ketchup schmecken. Genau davon zeugt im Grunde auch das Zutatenverzeichnis industriell hergestellten Ketchups. An erster Stelle stehen die Tomaten, das heißt in den meisten Fällen: das Tomatenmark. Es wird als einfach oder mehrfach konzentrierte Ware verarbeitet. Welcher Menge Tomaten das Mark entspricht, geben einige Hersteller freiwillig auf dem Etikett an. Der Mindestgehalt an trockener Tomatenmasse muss 6 Prozent betragen – weniger wäre für ein Produkt namens „Ketchup" täuschend. Das entspricht einem Mindesteinsatz von 120 g Frischware auf 100 g Tomatenketchup. Weitere Zutaten sind Zucker, Essig, Salz und Gewürze.

Die Sache mit dem Zucker

Gute Tomaten schmecken naturgemäß süß – je nach Sorte enthalten sie bis zu 8 Prozent Zucker. Davon abgesehen ist Zucker ein Geschmacksträger und im Ketchup unverzichtbar. Bis zu 30 Prozent stecken in der Industrieware. Wer allerdings darauf verzichten will, kommt vom Regen in die Traufe. Schließlich muss die Süße irgendwo herkommen. Teile des Zuckers lassen sich durch künstliche Süßungsmittel ersetzen. Ob das Produkt dadurch gewinnt, ist allerdings fraglich. Zumal sich zu wenig Zucker negativ auf die Konsistenz der Würzsauce auswirken kann. Denn Zucker wirkt auch als Bindemittel.

Ein ewiges Hin und Her: zäh oder flüssig

Tomatensauce fließt. Tomatenketchup soll genau das in der Regel nicht tun. Er soll Pommes sanft ummanteln und sie nicht einweichen. Wird der natürliche Pektingehalt der Tomate während der Herstellung erhalten, sind Verdickungsmittel entbehrlich. Ansonsten muss mit den als Zusatzstoff zugelassenen Stoffen Xanthan, Guarkernmehl oder Johannisbrotkernmehl nachgeholfen werden. Modifizierte Maisstärke hat praktisch denselben Effekt. Verdickungsmittel sind langkettige Polymere, zwischen denen sich schwache Bindungen ausbilden. Deshalb hilft auch Schütteln oder Rühren, um den zähflüssigen Ketchup aus der Flasche zu bekommen. Durch diese Energiezufuhr trennen sich die Polymere voneinander, sodass die rote Würzsauce kurzfristig flüssig wird, um dann auf dem Teller wieder in ihre gewünschte zähe Konsistenz überzugehen.

Für Allergiker

Senf und Sellerie zählen zu den häufigsten Lebensmittelallergenen und stecken oft in den Gewürzen von Tomatenketchup. Ob das der Fall ist, muss im Zutatenverzeichnis angegeben sein. Wer rohe Tomaten nicht verträgt, kann Tomatenketchup in der Regel essen. Denn die Tomatenallergene überstehen das Erhitzen bei der Herstellung nicht.

TAMARINDEN
PASTE
NELKEN
PULVER
PÜRIERTE TOMATEN
PÜRIERTE
TOMATEN
PIMENT

Tomatenketchup

Die **Zwiebeln** schälen und sehr fein würfeln, den **Knoblauch** schälen und fein hacken, den **Ingwer** schälen und reiben.
Den **Zucker** in einer großen Kasserolle bei mittlerer Hitze schmelzen, bis er goldgelb karamellisiert. Die Zwiebeln und den Knoblauch dazugeben und dünsten, bis der Karamell sich gelöst hat.
Piment, Nelken und Ingwer einrühren und kurz mitdünsten, dann das **Erdnussöl** einrühren und anschließend die **Tamarindenpaste.** Mit dem **Apfelsaft** ablöschen, aufkochen und die passierten **Tomaten** in den Topf geben, mit **Salz** und **Pfeffer** abschmecken. 10 Minuten offen köcheln lassen und mit dem Stabmixer pürieren.
Die **Speisestärke** mit 200 ml kaltem Wasser anrühren und in die Sauce rühren. Diese wieder aufkochen und weitere 10 Minuten offen köcheln lassen.
Mit ein paar Tropfen **Worcestershiresauce, Salz** und eventuell noch einer Prise **Zucker** abschmecken. Noch sehr heiß in saubere Schraubdeckelgläser oder kleine Flaschen umfüllen und verschließen.

Mit 1 gehäuften EL mildem Currypulver zusätzlich verwandeln Sie diesen Tomatenketchup in einen sehr feinen Curry-Ketchup. Und wenn Sie die Gewürze und den Ingwer durch folgende Gewürzmischung ersetzen und noch zwei Knoblauchzehen mehr nehmen, erhalten Sie eine spektakuläre

Barbecuesauce

Je 2 gehäufte TL **Koriandersamen, Kreuzkümmelsamen** und **Pimentkörner** 5 Minuten in einer Pfanne trocken bei mittlerer Hitze rösten. Abkühlen lassen und fein mahlen. Mit 2 TL **mildem Pimentón de la Vera** (geräuchertes Paprikapulver) und 1 gestrichenen TL **scharfem Pimentón de la Vera** mischen.

Zutaten

für ca. 1,2 l

150 g Zwiebeln
2 Knoblauchzehen
20 g frischer Ingwer
80 g Rohrohrzucker plus etwas zum Abschmecken
1 TL gemahlener Piment
½ TL gemahlene Gewürznelken
100 ml Erdnussöl
1 gestrichener EL Tamarindenpaste (Bio- oder Asialaden)
100 ml naturtrüber Apfelsaft
1 l passierte Tomaten
Meersalz
frisch gemahlener schwarzer Pfeffer
40 g Speisestärke
ein paar Spritzer Worcestershiresauce

Tipp

Egal, ob industriell oder selbst hergestellt – Tomatenketchup wird hocherhitzt, sodass Verderbniserreger abgetötet werden. Angebrochene Packungen können im Kühlschrank drei bis sechs Monate gelagert werden.

DR. LECKER
PESTO
alla Genovese
Sonnenblumen- oder Rapsöl statt Olivenöl
Stärke
Walnüsse
Oft aromatisiert

Pesto

Pesto ist nicht gleich Pesto: kleine Buchstaben mit großer Wirkung
Pesto zählt zu den Aushängeschildern der italienischen Küche. Übersetzt heißt der Begriff so viel wie „zerstampft". Welche Zutaten hier allerdings zerstampft werden und wie die als Nudelsauce beliebte sattgrüne Paste dann bezeichnet wird, ist eine Wissenschaft für sich. Die Mutter aller Pestos – das Pesto Genovese – zeichnet sich durch wenige, sorgsam ausgewählte Zutaten aus: Basilikum, Pinienkerne, natives Olivenöl, Parmigiano Reggiano und Salz, bisweilen ergänzt durch Pecorino und Knoblauch. In Industrieprodukten stecken oft mehr als zehn Zutaten, von denen viele mehr der Marge als einer guten Qualität dienen.

Genau hinsehen: der Trick mit der Bezeichnung
Natives Olivenöl, Parmigiano Reggiano und Pinienkerne in homöopathischen Dosen, dafür vor allem Sonnenblumen- oder Rapsöl, nicht näher bezeichneter Hartkäse und Nüsse – meist ist der Ersatz kostspieliger Zutaten durch billige rechtlich nicht zu beanstanden. Denn die Originalrezeptur gilt nach allgemeiner Verkehrsauffassung nur bei Produkten namens „Pesto Genovese" als üblich. Werden die Produkte als „Pesto verde" oder „Pesto alla Genovese" bezeichnet, haben Hersteller bei ihrer Zutatenwahl viel Spielraum. Ein Schelm, wer Böses dabei denkt, dass der Schriftzug „alla" – also „nach Art von" – auf vielen dieser Etiketten in deutlich kleineren Buchstaben gesetzt ist.

Für die Konsistenz: Kartoffel statt Käse
Noch kostengünstiger wird das Pesto, wenn weitere technologische Helferchen zum Einsatz kommen: Kartoffelflocken, Weizengrieß oder Milchpulver zum Beispiel eignen sich als Bindemittel. So kann Käse gespart werden. Auch dass viele Industrieprodukte Aromen enthalten, hat seinen guten Grund: Basilikum ist sensibel. Schon das Waschen, noch mehr aber die Zerkleinerung und die für eine längere Haltbarkeit notwendige Erhitzung des Krauts auf circa 80 °C rauben der Masse neben ihrem Aroma auch die Farbe. Aromazusätze und Säuerungsmittel schaffen hier Abhilfe, zieren dann aber auch das ohnehin schon verdächtig lange Zutatenverzeichnis.

Aromaöle sind empfindlich
Bei höheren Temperaturen verflüchtigen sich geschmacklich wichtige Bestandteile der Aromen leicht. Luftsauerstoff führt zur Oxidation, die der Kontakt mit Metalloberflächen noch begünstigt. Pesto sollte deshalb besser per Hand mit dem Mörser und nicht mit dem elektrischen Stabmixer zubereitet werden.

Einkaufstipp
Im Zutatenverzeichnis müssen alle Zutaten in mengenmäßig absteigender Reihenfolge aufgeführt werden. Steht an erster Stelle etwa Rapsöl anstelle von Olivenöl oder findet sich der hochwertige Käse erst am Ende der Liste, ist klar: Das hier ist kein Qualitätsprodukt.

Aromaöle sind empfindlich. Der elektrische Mixer gibt bei intensivem Gebrauch Wärme ab. Und Wärme ist ein Aromakiller, zumal metallische Oberflächen diesen Prozess noch verstärken. Wer Zeit und Muße hat, sollte Pesto deshalb lieber per Hand mit dem Mörser zubereiten.

Pesto

Dieses Pesto besticht durch seinen sehr hohen Kräuteranteil. Die Pinienkerne und der Parmesan binden die Flüssigkeit leicht cremig und die Tomate sorgt für leichte Fruchtigkeit.

Basilikum und **Petersilie** waschen, trocken schütteln und die Blättchen von den Stängeln zupfen. Den **Knoblauch** schälen und fein hacken, den **Parmesan** reiben. Kräuter, **Pinienkerne,** Knoblauch, Parmesan und **Olivenöl** in den Mixer geben. Die **Tomate** waschen, längs halbieren und mit dem Daumen die Kerne entfernen.
Alles sehr gründlich cremig durchmixen, mit **Salz** und **Pfeffer** abschmecken, das war's schon.
In ein Schraubglas abfüllen und mindestens 1 Stunde im Kühlschrank durchziehen lassen. Am besten schmeckt Pesto nach einem Tag.

Zutaten

für etwa 250 g Pesto (reicht für etwa 250 g Spaghetti)

1 großes Bund frisches Basilikum (im Zweifel besser 2)
½ Bund glatte Petersilie
1 kleine Knoblauchzehe
30 g Parmesan
30 g Pinienkerne
150 ml Olivenöl
1 Tomate
Meersalz
frisch gemahlener schwarzer Pfeffer

Tipp

Im Volksmund ist die Bezeichnung „Parmesan" fast zu einem Synonym für geriebenen Hartkäse geworden. Doch weit gefehlt: Sie ist allein einem Kuhmilchhartkäse der Sorte Parmigiano Reggiano vorbehalten, der in einem begrenzten Gebiet in der Po-Ebene Italiens hergestellt wird. Grana Padano stammt aus einem weitläufigeren Gebiet der Po-Ebene und darf nicht als Parmesan bezeichnet werden.

Geringer Fruchtanteil

Fruchtgehalt in der Regel nicht erkennbar

Oft aromatisiert

Fruchtjoghurt

Mehr Schein als Sein

Abbildungen saftiger Erdbeeren, Kirschen oder Aprikosen prangen auf ihren Etiketten und lassen einem das Wasser im Mund zusammenlaufen. Gepaart mit der mild-säuerlichen Note frischen Joghurts scheint die Mischung auf den ersten Blick perfekt. Doch Fehlanzeige! Viele Fruchtjoghurts enthalten Früchte in fast homöopathischen Dosen. 6 Prozent Frucht gelten nach allgemeiner Verkehrsauffassung als ausreichend. Bezogen auf einen 150-Gramm-Becher entspricht das weniger als einer Erdbeere oder einer halben Aprikose.

Rätselraten um den Fruchtgehalt

Dass aus der Mischung trotzdem eine Fruchtnote herausgeschmeckt werden kann, gleicht fast einem Wunder. Das aber wird mit einem Blick auf die Zutatenliste schnell entzaubert: Aromen. Manchmal aus der Frucht gewonnen, wie etwa im Fall der Bezeichnung „natürliches Erdbeeraroma“. Oder aus dem Reagenzglas. Dann steht da schlicht „Aroma“. Wie viel Frucht tatsächlich im Produkt steckt, kann oft nur gemutmaßt werden. Denn oft geben Hersteller zwar die Menge der verwendeten Fruchtzubereitung an. Auf den absoluten Fruchtgehalt des Produkts lässt das ohne Weiteres nicht schließen, zumal oft Fruchtkonzentrate zum Einsatz kommen. Eines aber ist klar: Viel Fruchtzubereitung heißt nicht automatisch viel Frucht. Denn deren Fruchtanteil liegt üblicherweise zwischen 25 und 35 Prozent. Den Rest machen Wasser, Zucker, färbende Extrakte und Bindemittel aus.

Zutaten für die Optik

Bindemittel wie Guarkernmehl, Johannisbrotkernmehl oder bisweilen auch Gelatine sorgen dafür, dass die Mischung ihre vertraute cremige Konsistenz behält. Sie verhindern außerdem, dass sich Flüssigkeit absetzt. Das wäre zwar nicht schlimm, weil sich diese durch Rühren leicht wieder in der Masse verteilen ließe, sieht aber tatsächlich nicht schön aus. Und die Optik muss stimmen bei der Industrieware – ohne Wenn und Aber. Genau das erklärt auch Zutaten wie „färbendes Rote-Bete-Konzentrat“ in Erdbeerjoghurt oder „färbender Karottenextrakt“ in Vanillejoghurt. Die Farbe verstärkt die Assoziation mit der geschmacksgebenden Zutat.

Bittere Enttäuschungen

Eigens kreierte Mischungen aus Milchprodukten mit Kiwi schmecken nach kürzester Zeit bitter. Der Grund dafür ist das eiweißspaltende Enzym Actinidin. Entsprechende Wirkungen haben Bromelain aus der Ananas und Papain aus Papaya. Wer diese Früchte beispielsweise mit Joghurt kombinieren möchte, sollte sie vorher kurz mit kochend heißem Wasser übergießen – das inaktiviert die Enzyme.

ROHR
ZUCKER
BIO
NATUR
JOGHURT
3,8 % Fett

Fruchtjoghurt

Als Beispiel für einen Fruchtjoghurt habe ich mich für Schattenmorellen entschieden, weil gerade die Sauerkirschen hervorragend mit dem Joghurt harmonieren. Wenn Sie andere Früchte vorziehen, gehen Sie nach demselben Schema vor. Früchte immer zum Teil pürieren und zum Teil in Stücke schneiden. Zuckergehalt jeweils nach Vorliebe anpassen.

Kirschjoghurt

Kirschen waschen und entsteinen. Etwa zwei Drittel davon kurz im Mixer nicht zu klein hacken. Dann mit dem **Zucker** vermischen und 30 Minuten ziehen lassen. Restliche Kirschen halbieren. Beides mit dem **Joghurt** vermischen und eventuell mit ein paar Tropfen **Zitronensaft** und etwas **Zucker** abschmecken.
Da dieser Joghurt keine Bindemittel enthält, setzt sich nach einiger Zeit schon mal der Fruchtsaft ab. In diesem Fall einfach wieder verrühren.

Zutaten

für 4 Personen

500 g Kirschen (Schattenmorellen)

80 g Rohrzucker oder mehr nach Belieben

300 g Joghurt (3,8 % Fett)

etwas frisch gepresster Zitronensaft nach Belieben

Dr. Lecker
Quitten
GELEE
Dr. Lecker
ORANGEN
Marmelade
Dr. Lecker
KONFITÜRE
Heidelbeere
Zu viel Pektin dämpft das Aroma
Stichfestigkeit auf Kosten des Aromas
Billiger Glukose-Fruktose-Sirup als Zuckerersatz

Konfitüren

und Marmeladen und Fruchtaufstriche

Ein weites Feld

Süße Brotaufstriche aus Früchten füllen im Einzelhandel ganze Regalwände. Dabei gleichen sich ihre Zutatenlisten fast wie ein Ei dem anderen: Früchte, Zucker, dazu als Geliermittel Pektin und das Säuerungsmittel Zitronensäure, manchmal ersetzt durch Zitronensaft. Kein Wunder, denn welche Zutaten für Konfitüren verwendet werden dürfen, ist gesetzlich genau geregelt. Farb- und Aromastoffe sind generell tabu, Konservierungsstoffe nur für Light-Varianten erlaubt. Mehr Fantasie ist den Herstellern von Fruchtaufstrichen gestattet: Sie dürfen mischen, was das Herz begehrt. Oft enthalten diese Produkte aber einfach nur mehr Frucht und dafür weniger Zucker als Konfitüren.

Nicht zu flüssig, nicht zu fest: Pektin sei Dank

Das Geliermittel Pektin ist ein langkettiges Kohlenhydrat, das in den Zellwänden von Früchten steckt. Es ist damit einer von vielen zugelassenen Zusatzstoffen natürlichen Ursprungs. Werden Früchte gekocht, löst es sich aus den Zellwänden. So funktioniert im Grunde die Gewinnung des Zusatzstoffes E 440 und dasselbe passiert auch bei der Konfitürenherstellung – je nach Fruchtart in unterschiedlichem Ausmaß. Dabei helfen Säure und der Zucker: Er entzieht den Zellen das Wasser, sodass diese platzen und das Pektin freigeben. Auch für die Gelbildung ist er wichtig, denn haben Pektine die Wahl, binden sie sich lieber an Wasser. Schnappt ihnen das der Zucker weg, vernetzen sie sich untereinander und die gewünschte Gelbildung setzt ein.

Hilfsmittel Gelierzucker für die schnelle Küche

Klassische Konfitürenzutaten wie Brombeeren, Aprikosen, Pfirsiche oder Erdbeeren enthalten nicht genug Pektin für eine gute Konfitüre. Auch deshalb ist in der industriellen Herstellung der Zusatz von E 440 praktisch Standard. Zumal pektinreiche Früchte wie Trauben, Äpfel oder Birnen für die Qualität „Konfitüre extra" laut Gesetz nicht verwendet werden dürfen. In der eigenen Küche dagegen ist man selbst der Chef. So kann auch mit ein bisschen Experimentierfreude auf Küchenhilfen wie Gelierzucker leicht verzichtet werden: einfach pektinarme mit pektinreichen Fruchtarten mischen, zum Beispiel Kirschen mit Stachelbeeren oder Himbeeren mit Johannisbeeren.

Geliermittel – was ist drin

Geliermittel enthalten neben Zucker, Pektin und Zitronensäure für den richtigen Säuregrad der Mischung oft ein wenig pflanzliches Öl. Das verhindert eine mögliche Schaumbildung während des Kochvorgangs. Der Konservierungsstoff Sorbinsäure ist in Gelierzucker 1:2 und 1:3 enthalten, um die konservierende Wirkung der geringeren Zuckergehalte im fertigen Produkt auszugleichen.

Haltbarkeiten

Die Haltbarkeit wird insbesondere über den Zuckergehalt bestimmt. Üblicherweise hält geöffnete Konfitüre – egal, ob industriell oder selbst hergestellt – im Kühlschrank mehrere Monate. Kurzes Erhitzen bewahrt das fruchteigene Aroma, führt allerdings auch zu schlechteren Haltbarkeiten.

Marmelade oder Konfitüre

Im Einzelhandel gibt es keine Erdbeermarmelade, nur -konfitüre. Schuld ist das Lebensmittelrecht, nach dem sich nur Produkte aus Zitrusfrüchten, zum Beispiel Orangen, Marmelade nennen dürfen. Ausnahmen von dieser Regel gelten für den Verkauf eigens erzeugter Ware auf Hof- und Wochenmärkten.

Ohne Zucker funktioniert die Gelierkraft des Pektins nicht. Mit Spezialgeliermitteln aus Johannisbrotkernmehl oder mit Agar-Agar gelingen auch zuckerfreie Varianten. Sie sollten nach dem Öffnen stets kühl gelagert und rasch verbraucht werden.

Konfitüren

Aprikosenkonfitüre

Die **Aprikosen** waschen, längs aufschneiden, die Steine entfernen und exakt 1 kg Früchte abwiegen. Die Aprikosenhälften in jeweils drei Stücke teilen. Eine Hälfte der Aprikosen in einen großen Topf geben (mindestens 4 l Fassungsvermögen, besser 5 l) und eine Hälfte des **Gelierzuckers** darüber verteilen. Dann die zweite Hälfte der Aprikosen daraufgeben und mit dem restlichen **Gelierzucker** bedecken. 4 Stunden ziehen lassen, nach 3 Stunden einmal kräftig durchrühren.
Zum Kochen die Eieruhr auf 4 Minuten einstellen. Die Aprikosen-Zucker-Masse bei starker Hitze unter ständigem Rühren zum Kochen bringen und erst dann die Eieruhr starten, wenn die Masse wirklich sprudelnd kocht. Vorsicht, das kann spritzen!
Jetzt schäumt die Konfitüre heftig auf – und spätestens jetzt wissen Sie, warum der Topf vorher nur bis zur Hälfte gefüllt sein darf. Nach ungefähr 2 Minuten beruhigt sich aber alles wieder. Die Konfitüre bei mittlerer Hitze genau 4 Minuten sprudelnd weiterkochen, dabei immer wieder durchrühren.
Nach weiteren 30 Sekunden für die Gelierprobe mit einem Löffel etwas von der Flüssigkeit aus dem Topf nehmen, auf einen flachen kalten Teller laufen lassen und den Teller schwenken. Wenn die Flüssigkeit nach 2 bis 3 cm des Verlaufens geliert, ist sie richtig. Dann hat die Konfitüre fast 5 ½ Minuten gekocht – und das ist mein ziemlich sicherer Erfahrungswert bei Aprikosen.
Jetzt die heiße Konfitüre mit der Suppenkelle so schnell wie möglich in die Gläser füllen, die Glasränder mit nassen Tüchern abwischen und den Deckel schnell und fest verschrauben. Für den vollendeten Genuss die Aprikosenkonfitüre vor der Familie verstecken und eine Woche durchziehen lassen.

Variante mit Erdbeeren

1 kg **Erdbeeren** waschen und putzen. Die Hälfte der Erdbeeren halbieren, die andere Hälfte vierteln. Dann wie oben beschrieben vorgehen.

Zutaten

für 5–8 Schraubdeckelgläser (ca. 1,8 l)

1,25 kg reife Aprikosen
1 kg Gelierzucker 1:1

Wissen

Die Angst vor dem Zuflüssigbleiben ist meist größer als die vor dem Zufestwerden. Deshalb im Zweifel lieber die angegebene Zeit einhalten, die Konfitüre geliert ja im heißen Topf immer noch etwas nach. Außerdem schmeckt eine leicht verlaufende Konfitüre immer noch besser als eine schnittfeste. Und zu fest passiert schneller, als man denkt.

Die Konfitüre hält sich theoretisch mindestens ein Jahr, wenn man sie kühl und dunkel lagert, aber so gut können Sie die gar nicht verstecken.

Pektinmoleküle binden auch Aromastoffe. Deren Verteilung auf den Geschmackspapillen und Geruchsrezeptoren wird dadurch eingeschränkt, sodass das Aroma weniger stark wahrgenommen wird.

Götterspeise
DR LECKER
DR LECKER
Götter
speise
WALDMEISTER
Aromen
Farbstoffe
Säuerungsmittel

Götterspeise

Meist natürlich gefärbt mit künstlichem Geschmack
Götterspeise aus dem Supermarkt gilt als Sinnbild synthetischer Färbetechniken. Doch das Blatt hat sich gewendet. Der in knalligem Rot, Grün oder Gelb geliebte – bisweilen auch verhasste – Wackelpudding hat sich in den vergangenen Jahren fast zu einem Naturprodukt gemausert. Seine kräftige Färbung jedenfalls verdankt das über die Jahre optisch nahezu unveränderte Industrieprodukt heute längst nicht mehr dem Zusatz ungeliebter Azo-Farbstoffe, sondern Pflanzenextrakten. Hochaufgereinigt geben sie dem Produkt allein die Farbe, nicht aber den Geschmack. Der wiederum wird mittels Aromen erzeugt und ist dann eben doch wiederum eher künstlicher denn natürlicher Quelle.

Waldmeister: nur wohldosiert auch wohlbekömmlich
Vor allem die grüne Götterspeise ist mit ihrem feinen Waldmeistergeschmack eine Rarität im Dessertangebot. Doch echter Waldmeister ist mit einer gewissen Vorsicht zu genießen. Denn er enthält den angenehm würzigen Aromastoff Cumarin, der in höheren Dosen über einen längeren Zeitraum genossen gesundheitsschädlich ist. Deshalb ist der Zusatz reinen Cumarins seit vielen Jahren in der industriellen Lebensmittelherstellung per se verboten. Die Verarbeitung cumarinreicher Zutaten wie Cassia-Zimt, Tonka-Bohnen oder eben Waldmeister ist zwar erlaubt, aber ein klein wenig heikel. Denn hier gilt ein gesetzlicher Höchstwert, der eingehalten und deshalb auch kontrolliert werden muss. Einfacher – und aus diesem Grund in der Industrie Usus – ist der Zusatz von Aromen mit Waldmeistergeschmack.

Gelatine: geschmacksneutral, trotzdem Geschmackssache
Das klassische Verdickungsmittel für Pudding ist Stärke. Für Wackelpudding allerdings eignet sie sich nicht, da die Masse durch ihren Zusatz trüb wird. Viele Industrieprodukte enthalten deshalb Gelatine. Sie wird überwiegend aus Schweineschwarten gewonnen – ein Rohstoff, der nicht jedermanns Sache ist. Alternativ setzen heute viele Hersteller auf das Verdickungsmittel Carrageen. Der Stoff wird durch Heißwasserextraktion aus Rotalgen gewonnen und gilt als gesundheitlich unbedenklich, steht allerdings im Verdacht, bei entsprechend veranlagten Menschen allergieähnliche Symptome auslösen zu können. Die Alternative für zu Hause heißt Agar-Agar. Dieses langkettige Kohlenhydrat wird ebenfalls aus Rotalgen gewonnen, über mögliche allergieähnliche Symptome durch seinen Verzehr ist nichts bekannt.

Cumarin in Waldmeister
Frischer Waldmeister ist nahezu geruchlos. Erst mit dem Verletzen oder Welken der Blätter wird das aromawirksame Cumarin auch freigesetzt.

BIO
Schlag-
sahne
32 % Fett
200 g
AGAR
AGAR
ROH
ROHR
ZUCKER
WEISS
BURGUNDER

Götterspeise

Es ist nicht möglich, die Götterspeisenklassiker Waldmeister und Himbeere ohne Farbstoffe und synthetisch hergestellte Aromen farblich oder geschmacklich so herzustellen, dass sie den Supermarktprodukten entsprechen. Ist aber auch nicht nötig – die hier vorgestellten Varianten in Gelbgrünlich und Tiefdunkelrot sind viel schöner und eine Wonne für die Götter.

Waldmeister-Götterspeise

Den **Wein** erhitzen und 5 Minuten offen köcheln lassen. Dann den angetrockneten **Waldmeister** hineingeben und wie einen Tee 30 Minuten ziehen lassen. Anschließend den Wein durch ein Sieb abgießen. Wein mit **Zucker, Agar-Agar** und **Zitronensaft** vermischen und nur kurz aufkochen, bis sich die Flüssigkeit klärt.
In vier kleine Förmchen gießen, die Förmchen in ein kaltes Wasserbad stellen und die Götterspeise gelieren lassen. Anschließend im Kühlschrank aufbewahren.
Die **Sahne** steif schlagen, dann die Götterspeise aus den Förmchen stürzen und mit der Schlagsahne garnieren.

Zutaten
für 4 Personen

- 500 ml trockener Weißburgunder
- 1 Sträußchen angetrockneter Waldmeister
- 100 g Rohrohrzucker
- 3 g Agar-Agar
- 1 TL frisch gepresster Zitronensaft
- 200 g Sahne

Sauerkirsch-Götterspeise

Weil es naturreinen Himbeersaft in der benötigten Qualität nicht zu kaufen gibt, habe ich auf Sauerkirschsaft zurückgegriffen, der sich hervorragend für eine Götterspeise eignet.

Den **Sauerkirschsaft** mit **Zucker** und **Agar-Agar** vermischen und wie oben beschrieben weiter zubereiten.

Zutaten
für 4 Personen

- 500 ml Sauerkirsch-Direktsaft ohne Zucker
- 150 g Rohrohrzucker
- 3 g Agar-Agar
- 1 TL Zitronensaft
- 200 g Sahne

Tipp

Lassen Sie den frischen Waldmeister etwas welken, das wirkt sich positiv auf seine Aromawirkung aus. Dazu einfach das Sträußchen 24 Stunden kopfüber aufhängen.

Oft billiges Pflanzenfett statt Milchfett

Mogelpackung durch Lufteinschlag

Versteckspiel mit der Eissorte

Milcheis

Dicke Luft im Tiefkühlfach

Die Eiskristallbildung ist ein wunder Punkt in der heimischen Eisherstellung ohne Eismaschine. Tricksen lässt sich mit frischem Eigelb. Dessen Emulgierwirkung gibt der Eismasse eine cremige Textur – auch ohne stetige Bewegung während des Gefrierprozesses. Trotz Eismaschine wird auch in der industriellen Eisproduktion oft auf Emulgatoren gesetzt, meist künstlich erzeugt aus pflanzlichen, selten auch aus tierischen Fetten. Dabei entwickelt sich in der Eismaschine bei einer ausgewogenen Mischung wasser- bzw. fetthaltiger sowie trockener Ausgangszutaten – also vor allem Milch und Milcherzeugnisse, Zucker, gegebenenfalls Ei sowie geschmacksgebende Komponenten wie Früchte – die cremige Konsistenz praktisch von allein. Der Kniff der Technik: Das Wachstum der Eiskristalle wird auf das richtige Maß reduziert. Und durch ständiges Umwälzen der Masse wird gleichzeitig Luft eingeschlagen.

Wenn die Cremigkeit zur Luftnummer wird

Dabei gilt die Regel: Je mehr Lufteinschlag, desto cremiger wird das Eis – und desto schneller zergeht es im Mund. Ein Mundgefühl, das gewünscht wird, zumal mithilfe dieser Technik auch der Fettgehalt ohne nennenswerte Einbußen im Geschmack reduziert werden kann. Der Lufteinschlag jedoch kann auch einen faden Nachgeschmack erzeugen. Wie viel Luft das Industrieeis nämlich enthält, bleibt im Verborgenen. Und die Unterschiede sind beträchtlich. Rund 20 bis deutlich über 100 Prozent Luft kann die Industrieware enthalten. Erkennbar auf der Packung ist das nicht. Denn Speiseeis gilt laut Lebensmittelrecht als flüssiges Lebensmittel, sein Grundpreis wird deshalb nicht nach Gewicht, sondern nach dem Volumen angegeben. Manch preiswertes Fertigeis ist also vielleicht einfach nur besonders teure Luft.

Speiseeis ist nicht gleich Eiscreme

Davon abgesehen: Auch das Qualitätsmerkmal „Milchfett“ ist in den Industrieprodukten oft Mangelware, selbst wenn Werbebotschaften wie „mit Sahne verfeinert“ vielleicht anderes vermuten lassen. Was in der Hektik des Einkaufs dabei leicht übersehen wird: Während ein Produkt namens „Erdbeer-Eiscreme“ mindestens 8 Prozent Milchfett enthalten muss, dürfte ein Erdbeereis auch mit deutlich kostengünstigeren Pflanzenfetten hergestellt sein. Oft verstecken sich diese vorgeschriebenen Produktbezeichnungen im Kleingedruckten, während ergänzende Fantasiebezeichnungen ein sahnig-cremiges Geschmackserlebnis versprechen. Klarheit gibt nur der Blick in die Zutatenliste. Bei der Gelegenheit zeigt sich dann auch, wo der Geschmack der Ware herrührt – ob aus natürlichen Zutaten oder Aromazusätzen.

Eier im Eis

Da die Eier bei der Eisherstellung nur unterhalb von 100 °C erhitzt werden, sollten stets frische Eier verwendet werden. Denn Keime, insbesondere Salmonellen, können im Gefrierfach durchaus überleben.

ROH
ROHR
ZUCKER
BLATT
GELATINE
MILCH
BIO
NATUR
JOGHURT
3,8 % Fett
CRÈME
FRAÎCHE
30 % Fett

Milcheis

Fruchtiges Erdbeereis (für die Eismaschine)

Erdbeeren waschen, putzen und mit dem **Zucker** im Mixer pürieren. Dann die **Crème fraîche** und den **Joghurt** dazugeben und verrühren. Mit etwas **Zucker** abschmecken und im Kühlschrank richtig durchkühlen lassen.
Die **Milch** lauwarm erhitzen und unter die Erdbeercreme ziehen.
Die Masse anschließend nach Angaben des Herstellers in der Eismaschine gefrieren.
Ohne Eismaschine die Masse in relativ kleine, flache Gefrierdosen füllen, damit sich möglichst wenig störende Eiskristalle bilden können. Dann in den Gefrierschrank stellen. Mindestens 4 Stunden gefrieren.
Vor dem Genuss etwa 30 Minuten in den Kühlschrank stellen, damit eventuelle Kristalle auftauen können.

Zutaten
für ca. 1 l

350 g Erdbeeren
100 g Rohrohrzucker plus etwas zum Abschmecken
200 g Crème fraîche
250 g Joghurt
2 EL Milch

Sehr cremiges Erdbeereis (ohne Eismaschine)

Die **Erdbeeren** waschen, putzen und mit der Hälfte des **Zuckers** und 100 g **Crème fraîche** im Mixer pürieren. Dann in einem Topf erhitzen, aber nicht kochen.
In der Zwischenzeit die **Gelatine** in viel kaltem Wasser einweichen.
Die **Eigelbe** mit dem restlichen **Zucker** in einer runden Rührschüssel aus Metall mit einem Schneebesen verrühren. Die heiße Erdbeermasse zu den Eigelben geben und dabei sofort verrühren. Mit dem Schneebesen im heißen Wasserbad schaumig schlagen, bis die Masse leicht bindet, also sichtbar cremig wird. Die Mischung darf allerdings nie über 60 °C heiß werden, sonst stockt das Ei.
Die Rührschüssel mit der Creme aus dem Wasserbad nehmen und in das mit kaltem Wasser gefüllte Waschbecken setzen. Wenn die Masse nur noch warm ist, die Gelatine mit den Händen ausdrücken und in der Creme auflösen, danach ganz abkühlen lassen.
Nun die restliche **Crème fraîche** unterziehen.
Zum Schluss die **Sahne** sehr steif schlagen und unter die abgekühlte Creme heben. Die Creme sofort in zwei Plastikdosen mit Deckel füllen und mindestens 4 Stunden in die Tiefkühltruhe stellen, besser über Nacht. 30 Minuten vor dem Servieren aus der Truhe nehmen und im Kühlschrank temperieren lassen – die beste Temperatur für feinsten Eiscremegeschmack liegt bei knapp unter 0 °C.

Zutaten
für ca. 1 l

350 g Erdbeeren
150 g Rohrohrzucker
250 g Crème fraîche
2 Blatt Gelatine
4 Eigelb
250 g Sahne

Tipp
Speiseeis, das rohe Eier enthält, darf nach dem Antauen nicht wieder eingefroren werden. Es besteht Salmonellengefahr! Die Bakterien können im gefrorenen Eis überdauern; taut das Eis, vermehren sie sich schnell.

Viel Zucker
Wenig Haselnuss und Kakao
Oft Palmöl
Milchpulver als Bindemittel
Emulgatoren
nussinuss
DR. LECKER
SCHOKO-NUSS-CREME

Schoko-Nuss-Creme

Eine Zuckerbombe aus Tradition

Rund zwei Drittel Zucker, etwa ein Drittel Fett und irgendwo dazwischen – bisweilen fast wie eine Art Lückenfüller – Haselnüsse und Kakao, manchmal noch Magermilchpulver. Auf diesen gemeinsamen Nenner lassen sich die meisten industriell erzeugten Schoko-Nuss-Cremes bringen. Ihre auf dem Etikett übliche Bezeichnung als Nuss-Nugat-Creme bringt nur indirekt zum Ausdruck, was sie tatsächlich sind: Zuckercremes. Schlecht sind die Produkte deshalb sicherlich nicht, zumal kein Hersteller seine Cremes je als Schlankheitsmittel vermarktet hat. Und Zucker ist schließlich – in Maßen genossen – nicht schädlich. Nur ist es mit dem Maßhalten bei Produkten wie diesen so eine Sache. Leicht fällt das vielen jedenfalls nicht. Umso spannender die Frage: Geht es nicht auch mit weniger Zucker?

Die Zusammensetzung ist kein Zufall

Wer seinen Brotaufstrich „Nuss-Nugat-Creme" nennen will – und genauso heißen gängige Industrieprodukte fernab ihrer individuellen Fantasiebezeichnungen –, kommt am Zucker nicht vorbei. Denn der ist neben Ölsamen wie Haselnüsse oder Mandeln sowie meist Kakaoerzeugnissen eine charakteristische Zutat von Nugat. Wertgebend darin aber sind die Ölsamen. Ein Mindestanteil von 10 Prozent gilt für Schoko-Nuss-Creme als handelsüblich. Nach allgemeiner Verkehrsauffassung enthält sie außerdem Speiseöle oder -fette pflanzlicher Herkunft. Der Rest der Masse besteht vor allem – höchstens allerdings zu 67 Prozent – aus Zucker sowie Kakaoerzeugnissen. Auch der Zusatz von Magermilch- oder Molkepulver und der Emulgator Lecithin gelten als üblich. So steht es in den Leitsätzen für Ölsamen und daraus hergestellte Erzeugnisse, die als eine Art Sachverständigengutachten beschreiben, wie bestimmte Lebensmittel zusammengesetzt und bezeichnet sein sollten.

Ein Tauschgeschäft nach eigenem Belieben: Fett und Zucker

Dem Zucker verdankt der Brotaufstrich nicht nur seine Süße, sondern auch seine Konsistenz. Denn Zucker wirkt auch als Bindemittel. Entsprechend sind Cremes mit steigendem Haselnussanteil flüssiger. Damit sich ihre öligen Bestandteile nicht absetzen, ist der Zusatz von Emulgatoren praktisch unverzichtbar. Streichzarter wird die Masse durch Milch- oder Molkepulver. Wer das alles so nicht mag und vielleicht den Zucker auf dem Frühstückstisch ein wenig reduzieren möchte, greift selbst zum Kochlöffel. Der klare Vorteil der eigenen Herstellung: ein individueller Geschmack frei nach persönlichen Vorlieben. Der Haken: Mit sinkendem Zuckeranteil steigt automatisch der Fettgehalt – wegen der Nüsse und des Pflanzenöls. Ernährungsphysiologisch empfehlenswert ist Rapsöl.

Palmöl

Nuss-Nugat-Cremes – und andere Lebensmittel – enthalten oft Palmöl, denn es ist hitze- und oxidationsbeständig, dazu relativ kostengünstig. Den Preis zahlen das Klima und die regionale Bevölkerung, da für seine Gewinnung Regenwälder gerodet und Kleinbauern vertrieben werden.

Mengenkennzeichnung

Haselnüsse bzw. Mandeln sind der wertbestimmende Anteil von Nuss-Nugat-Cremes. Ihr prozentualer Anteil im Produkt muss daher in der Zutatenliste ausgewiesen werden. Auch der Kakaoanteil wird üblicherweise zur Abgrenzung von Mitbewerberprodukten angegeben.

KAKAO PULVER
KAKAOPULVER
MEER SALZ
MEERSALZ
ROH ROHR ZUCKER
HASEL NUSS MUS
SESAM ÖL
geröstet

Schoko-Nuss-Creme

Wir haben uns bei unserer Schoko-Nuss-Creme absichtlich nicht an dem Geschmacksbild oder der Textur anderer Aufstriche orientiert – wenn Sie Klassiker auf dem Brot haben wollen, wissen Sie ja, wo Sie diese bekommen. Hier liegt der Fokus allerdings auf erstklassigem Schokoladenaroma und dem Nussgeschmack bei weniger Fett- und Zuckeranteil.

Klassische Bio-Schoko-Nuss-Creme

Rohrohrzucker, Schokolade, 30 ml Wasser und **Salz** im Topf langsam erwärmen und glatt rühren, bis der Zucker möglichst vollständig aufgelöst ist. Alle **Zutaten** bis auf die Haselnüsse in den Mixer geben und schön cremig mixen. Zum Schluss die gemahlenen **Haselnüsse** unterziehen und die Schoko-Nuss-Creme in Gläser umfüllen.
Die Creme 15 Minuten vor dem Genuss aus dem Kühlschrank nehmen. Bei 18–20 °C schmeckt sie am besten und lässt sich perfekt streichen.
Wenn Sie nun noch 50 g echte Piemonteser Haselnüsse im Mixer mittelfein hacken und zusätzlich unterziehen, ist das Nusserlebnis crunchy superb.

Wer die Kokosnote nicht so mag und auch auf die positive gesundheitliche Wirkung von Kokosmus verzichten will, der kann den Kokosmusanteil zugunsten von mehr Biomargarine verringern.

Zutaten

für 2 Schraubdeckelgläser

- 100 g Rohrohrzucker
- 100 g Bioschokolade (etwa 50 % Kakaoanteil)
- 2 Prisen Meersalz
- 100 g fein gemahlenes Haselnussmus (z. B. von Rapunzel)
- 100 g Kokosmus (z. B. von Naturarten)
- 80 Biomargarine (ohne gehärtetes Fett)
- 80 g gemahlene geröstete Haselnüsse

Bio-Schoko-Nuss-Creme „Göttliche Erdnuss“

Zubereitung wie oben (den Zucker aber ohne Salz in Wasser auflösen), Temperaturempfehlungen dito. Erst wenn Sie diese Creme wirklich probiert haben, wissen Sie, warum sie so heißt …

Zutaten

für 2 Schraubdeckelgläser

- 80 g Rohrohrzucker
- 80 g Bioschokolade (etwa 50 % Kakaoanteil)
- 100 g Erdnussmus crunchy mit Meersalz
- 100 g Kokosmus (z. B. von Naturarten)
- 80 Biomargarine (ohne gehärtetes Fett)
- 100 ml Milch

Tipp

Alle Zutaten sollten in diesem Fall unbedingt biozertifiziert sein.

DR. LECKER
MÜSLI
Kaum Produkte ohne Extras
Wenig Wahlfreiheit für Allergiker
Verwirrende, unzählige Zuckerbezeichnungen

Müsliriegel

Zucker hat viele Gesichter

So groß das Angebot industriell hergestellter Müsliriegel ist: Wer reine Klassiker aus Getreide, Nüssen und Trockenfrüchten mag, muss lange suchen. Denn nur wenige Varianten kommen ohne Schoko, Milchcreme oder andere Extras aus, die der kernigen Mischung ihren ureigenen, natürlichen Charakter nehmen. Und je aufwendiger das Produkt, umso wahrscheinlicher ist, dass das Produkt mit Zusatzstoffen und Aromen aufpoliert wird. Da lohnt das Selbermachen einmal mehr. Das gilt insbesondere für Allergiker.

Kann Spuren von allem Möglichen enthalten

Denn auch wenn beispielsweise der Nussallergiker etwa zum Hafer-Müsliriegel greift, der laut Zutatenliste gar keine Nüsse enthält, findet er auf dem Industrieprodukt oft den Hinweis „Kann Spuren von Nüssen enthalten.". Warum? Weil in der Großproduktion in der Regel mehrere Produktionslinien gefahren werden – ohne, aber auch mit Nuss. Und trotz intensiver Reinigung können Verunreinigungen nie ganz ausgeschlossen werden. Aus Vorsorge – und produkthaftungsrechtlichen Gründen – schreiben deshalb viele Hersteller diesen sogenannten Spurenhinweis aufs Etikett. Für Allergiker schränkt das die Wahlfreiheit oft unnötig ein.

Das Versteckspiel mit dem Zucker

Müsliriegel sind Zuckerbomben. Daran ändert auch die eigene Herstellung nichts. Zwar könnte theoretisch der Zucker im Rezept reduziert werden. Da er aber wichtig für die richtige Produktkonsistenz, Geschmacksgeber und -träger ist und dem Produkt außerdem seine ansprechende Bräunung verleiht, sollte man sich im Zweifel lieber beim Verzehr des Endprodukts zügeln als beim Zuckerzusatz. Der Kritikpunkt bei der Industrieware: Hier versteckt sich der tatsächliche Zuckergehalt hinter allen möglichen – wenn auch zutreffenden – Bezeichnungen im Zutatenverzeichnis. Ergänzend zu klassischem Haushaltszucker sorgen billige Alternativen wie Glukose- und Fruktosesirup für die gewünschte Süße. Dabei handelt es sich um hochtechnisch hergestellte Produkte aus Mais-, Kartoffel- oder Weizenstärke.

Ohne Zucker

Müsliriegel, die als zuckerfrei beworben werden, enthalten anstelle von Zucker meist den Zuckeraustauschstoff Maltit. Der lässt zwar den Blutzuckerspiegel nicht oder nur leicht ansteigen, hat jedoch einen ähnlich hohen Energiegehalt wie Haushaltszucker. Die Kalorienersparnis zuckerfreier Produkte liegt bei rund 25 Prozent.

Mit Aromen

Der Blick aufs Zutatenverzeichnis lohnt sich immer. Insbesondere bei Müsliriegeln, die mit dem Geschmack getrockneter Früchte punkten wollen, wird oft mit Aromen nachgeholfen.

Hafer-
flocken
KERNIG
HONIG
AMARANTH
gepufft

Müsliriegel

Die süße Genussvariante (fast schon eine Praline)

Den Backofen auf 160 °C Ober-/Unterhitze vorheizen. Die **Trockenfrüchte** mit den **Mandeln,** den **Cornflakes** und den **Haferflocken** im Mixer drei- bis viermal blitzhacken, aber so, dass die Zutaten noch schön stückig bleiben.
Die **Butter** in einem großen Topf zerlassen, **Honig, Salz** und **Rohrohrzucker** einrühren und leicht köcheln lassen, bis der Zucker sich aufgelöst hat. Jetzt die Früchte-Flocken-Mischung und den **Amaranth** sorgfältig untermischen, sonst halten die Riegel hinterher nicht gut zusammen.
Ein Backblech mit Backpapier auslegen, die Masse gut 1 cm dick darauf verteilen und mit der flachen Hand gleichmäßig andrücken. 25 Minuten backen.
Auf dem Backblech abkühlen lassen. Wenn die Teigplatte fast kalt ist, mit einem Wellenschliffmesser Riegel von etwa 2 × 6 cm Größe schneiden. Auf einem Kuchengitter vollständig auskühlen lassen und in Blechdosen luftdicht aufbewahren.

Zutaten
für ca. 40 Stück

- 50 g getrocknete Cranberrys
- 50 g Rosinen
- 50 g getrocknete Aprikosen
- 100 g gehackte Mandeln
- 50 g Biocornflakes
- 100 g kernige Haferflocken
- 150 g Butter (siehe Seite 81)
- 50 g Honig
- ½ TL Meersalz
- 150 g Rohrohrzucker
- 30 g gepuffter Amaranth

Die kernige Energievariante (fast schon herzhaft)

Die **Rosinen** mit den **Cornflakes** und den **Haferflocken** im Mixer drei- bis viermal blitzhacken, sodass sie noch schön stückig bleiben.
Die **Butter** in einem großen Topf zerlassen, **Ahornsirup** und **Salz** einrühren und leicht köcheln lassen, bis sich alles gut vermischen lässt. Jetzt die Rosinen-Flocken-Mischung, **Sesam** und **Sonnenblumenkerne** sorgfältig untermischen, sonst halten die Riegel hinterher nicht gut zusammen. Zum Schluss die **Speisestärke** unterrühren und alles 10 Minuten ruhen lassen. Wie oben beschrieben backen.

Zutaten
für ca. 40 Stück

- 100 g Rosinen
- 50 g Biocornflakes
- 50 g feine Haferflocken
- 100 g Butter (siehe Seite 81)
- 100 ml Ahornsirup (Grad C, dunkel)
- ½ TL Meersalz
- 50 g ungeschälte Sesamsamen
- 150 g Sonnenblumenkerne
- 50 g Speisestärke

Echte Vanille hat Seltenheitswert
Verwirrende Geschmacksinformationen
Aromatisiert
DR. LECKER
Vanille
Pudding
DR. LECKER
Schokolade
Pudding

Pudding

Vanillepudding: Hier kann man sich durchaus Schoten leisten

Puddingpulver macht seiner Einstufung als Convenience-Produkt alle Ehre: Milch aufkochen, Tüte auf, das Pulver und Zucker dazu, unter kräftigem Rühren nochmals aufkochen, kühl stellen, fertig. Seine Hauptzutaten hat das Fertigprodukt mit seinem selbst gemachten Vorbild gemein: Zucker, Milch, das typische Bindemittel Stärke. Bei der Geschmacksgebung allerdings geht die Schere dann weit auseinander. Das gilt umso mehr, wenn man puddingähnliche Fertigerzeugnisse aus dem Kühlregal betrachtet.

Vanillegeschmack statt echter Vanille

Dass beim Puddingpulver gemahlene Vanilleschoten als geschmacksgebende Zutat eher die Ausnahme als die Regel sind, verwundert wenig. Sie sind vergleichsweise teuer, verlieren aber auch leicht ihre feine Vanillenote. Das schränkt die Haltbarkeit der doch eigentlich gut lagerfähigen Trockenprodukte deutlich ein. Aromen eignen sich da besser. Meist handelt es sich dabei um synthetisch hergestellte Verbindungen wie Ethylvanillin. Werden allerdings solche Stoffe eingesetzt, ist die Bezeichnung „Vanillepudding" tabu. Erlaubt ist „Pudding mit Vanillegeschmack". Eine häufige Praxis: Der Begriff „Vanille" steht in Großbuchstaben auf dem Etikett, der „Geschmack" folgt in deutlich kleineren Buchstaben. Die Wahrnehmung dieses kleinen, aber entscheidenden Unterschieds rückt damit – genau wie der Geschmack im Produkt – in den Hintergrund. Auch die Wortneuschöpfung „Vanilla" ist unter Herstellern beliebt. Das klingt irgendwie gut, auf die echte, teure Vanille kann aber verzichtet werden.

Blüten und Schoten sind zweierlei

Ein juristischer Eiertanz der Sonderklasse ist die Unterscheidung, wann die Vanilleschote oder auch nur die Blüte auf das Etikett der Fertigprodukte darf. Ist gemahlene Vanille im Produkt enthalten, sind beide Abbildungen erlaubt. Dasselbe gilt, wenn Vanilleextrakt oder ein Aroma verarbeitet wurde, das direkt aus der Vanille stammt, also „natürliches Vanillearoma". Hat das zugesetzte Aroma nichts mehr mit der Vanille gemein – weil es synthetisch gewonnen wurde oder aus anderen Rohstoffen als Vanille stammt –, darf allenfalls eine Blüte auf das Etikett. Anderenfalls wäre die Aufmachung täuschend. Die Zeit, die hier der Etikettenvergleich erfordert, lässt sich ebenso gut ins Selbermachen investieren. Dann jedenfalls kann man sich über die Herkunft des Vanillegeschmacks in jedem Fall sicher sein.

Modifizierte Stärke

Instantpuddingpulver enthält anstelle von natürlicher Stärke eine vorbehandelte – modifizierte – Variante. So verwandelt sich das Pulver auch im Kalten durch Zugabe von Milch in eine glatte, stichfeste Masse. Dieses kleine chemische Wunder vollzieht natürliche Stärke nur durch Aufkochen.

Puddinghaut

Die Haut auf dem Pudding besteht aus Milcheiweiß, das beim Erhitzen der Milch gerinnt und sich an der Oberfläche als Haut absetzt. Ihre Bildung lässt sich verhindern, indem auf der noch heißen Puddingoberfläche Klarsichtfolie aufgebracht wird. Wichtig dabei: Es darf keine Luftkammer zwischen dem Pudding und der Folie sein.

ZUCKER
MILCH
FEINE
SPEISE
STÄRKE

Pudding

Dieser Klassiker wurde leider schon zu meiner Kindheit in den 1960er-Jahren bei uns zu Hause aus der Tüte zubereitet. Die geschmackliche Wonne des hausgemachten Puddings mit echter Vanille entdeckte ich deswegen leider erst als Erwachsener.

Vanillepudding

Die **Speisestärke** mit 100 ml **Milch** und den **Eigelben** in einem Schüttelbecher kräftig schütteln, sodass sich keine Klumpen bilden können. Die **Vanilleschote** längs aufschlitzen und mit dem **Zucker** in der restlichen **Milch** in einem Topf aufkochen, dann die Schote herausnehmen.
Die Stärkemilch in die heiße Milch gießen und unter ständigem Rühren kurz aufkochen, bis die Stärke bindet – das geht sehr schnell. Vom Herd nehmen und mit etwas **Zitronensaft** abschmecken. Noch einmal mit einem Schneebesen kräftig durchrühren. Kleine Förmchen oder eine größere Schüssel dünn **buttern,** den Pudding einfüllen und im Kühlschrank kalt werden lassen.
Zum Servieren die Förmchen kurz in heißes Wasser tauchen und den Pudding auf Dessertteller stürzen. Dazu passt jede Art von frischen Früchten oder Fruchtsaucen.

Zutaten

für 4–6 Personen

40 g Speisestärke
500 ml Milch
2 Eigelb
1 Vanilleschote
100 g Zucker
frisch gepresster Zitronensaft
Butter für die Form(en)

Schokoladenpudding

Die **Schokolade** in Stücke brechen und mit einem Messer grob hacken. Die halbe **Vanilleschote** längs aufschlitzen. Die **Eigelbe** mit 100 ml **Milch** und der **Speisestärke** in einem Schüttelbecher kräftig schütteln, bis sich die Stärke aufgelöst hat.
Restliche **Milch** mit der **Sahne,** dem **Zucker** und der Vanilleschote aufkochen lassen, dann die Schote herausnehmen. Die gehackte Schokolade einrühren, bis sie sich vollständig aufgelöst hat.
Die Stärke-Eigelb-Mischung hineingießen. Das Ganze unter ständigem Rühren wieder kurz aufkochen lassen, aber nur, bis die Masse bindet (was sehr schnell passiert).
Kleine Förmchen oder eine größere Schüssel mit **Butter** ausstreichen, den Pudding einfüllen und kalt werden lassen.
Zum Servieren die Puddingförmchen kurz in heißes Wasser tauchen und auf Teller stürzen. Eigentlich reicht dazu frische Schlagsahne.

Das ist jetzt natürlich eine unfaire Luxusvariante gegenüber dem Tütenpudding. Aber wenn schon, denn schon, oder?

Zutaten

für 4–6 Personen

80 g Edelbitter-Schokolade
½ Vanilleschote
4 Eigelb
250 ml Milch
30 g Speisestärke
250 g Sahne
100 g Zucker
Butter für die Form(en)

DR. LECKER
GELEE FRÜCHTE
Feuchthaltemittel
Von echter Frucht oft keine Spur
Aromatisiert
Farbstoffe

Geleefrüchte

Meist frei von echten Früchten

Fruchtig süße, mundgerechte Happen auf Zuckerbasis haben Früchten als Nascherei längst den Rang abgelaufen. Frei von klebrigen Säften und ungenießbaren Bestandteilen wie Kernen, Schalen oder Stielen öffnen sie dem zügellosen Süßkonsum Tür und Tor. Den schätzten bereits die alten Ägypter und Römer: Sie versetzten Früchte mit Zuckersirup, oft Palmzuckersirup, oder auch Honig. Der entzog den Fruchtzellen das Wasser und machte so die Fruchtstückchen länger genießbar. Kandierte Früchte sind auch heute für viele ein Genuss, müssen sich aber der innovativen Konkurrenz stellen – den Gummibärchen. Zumal diese heute längst nicht mehr vom Zusatz künstlicher Farbstoffe und Aromen geprägt sind. Einzig ihr Gelatinegehalt, der für ihre typische elastische Konsistenz sorgt, ist manch einem ein Dorn im Auge. Für denjenigen könnten Geleefrüchte eine Alternative sein.

Befruchtend: der Blick in die Zutatenliste

Die meisten industriell erzeugten Geleefrüchte haben allerdings ein Manko: Zwar wird ihre Form typischerweise Früchten nachempfunden, doch die meist in Originalgröße gegossenen Stückchen von Ananas, Erdbeere oder Mandarine enthalten nur selten echte Fruchtbestandteile. Allenfalls ihre Färbung verdanken die industriell hergestellten Süßwaren mitunter der Verwendung färbender Frucht- und Pflanzenextrakte – etwa aus Paprika, Brennnessel oder Spinat. Nur vereinzelt finden sich am Markt auch Varianten, die Fruchtsäfte oder Fruchtmark enthalten. Klarheit gibt die Zutatenliste.

Damit die Frucht keine reine Formsache ist

Mögen der Geschmack und die Form vieler Geleefrüchte oft der Natur nur nachempfunden sein, ihre typische weiche, glasige Beschaffenheit verdanken sie meist derselben Substanz, die auch Zitrusfrüchten, Äpfeln oder Erdbeeren ihre Struktur verleiht: dem Pektin. Pektine sind pflanzliche Polysaccharide, die unter Einbindung von Zucker und Säuren ein dreidimensionales Netzwerk ausbilden. Diese Funktion wird auch beim Konfitürekochen genutzt. Ganz ähnlich lassen sich auch Geleefrüchte in der eigenen Küche herstellen. Dabei stimmt zwar vielleicht nicht mehr die Form der Happen mit ihrem fruchtigen Vorbild überein, wohl aber ihr Inhalt.

Feuchthaltemittel

Geleefrüchte trocknen leicht aus. Diesen Wasserverlust hemmt in der industriellen Herstellung die Verwendung von Glukosesirup. Manche Produkte enthalten zusätzlich das Feuchthaltemittel Sorbit.

Quittenbrot

Anders als der Name vermuten lässt, zählt auch Quittenbrot zu den Geleefrüchten. Die traditionelle Süßigkeit wird – stark vereinfacht – durch intensives Kochen von Quitten und Zucker hergestellt.

Als Varianten sind TK-Erdbeeren, TK-Brombeeren oder TK-Beerenmischungen geeignet, die natürlich mit derselben Menge Zucker unterschiedlich süß ausfallen.

Geleefrüchte

Schmecken wunderbar fruchtig und sind sehr einfach umzusetzen.

Himbeer-Geleefrüchte

Die **Himbeeren** auftauen und mit der Hälfte des **Zuckers** und dem **Zitronensaft** pürieren. In einem Topf mit dickem Boden zum Kochen bringen. Die zweite Hälfte des **Zuckers** und das **Pektinpulver** einrühren. Die Masse bei mittlerer Hitze kochen, bis sie eine relativ zähflüssige Konsistenz erreicht hat, die sich ähnlich wie eine Mehlschwitze ganz vom Boden löst. Das dauert erfahrungsgemäß 15–20 Minuten.

Wenn Sie ein Zuckerthermometer verwenden, kochen Sie die Masse einfach so lange, bis sie 90 °C erreicht hat. Immer wieder mit einem breiten Holzspatel die Fruchtmasse vom Boden schaben, damit sie nicht anbrennt.

Eine 10 × 20 cm große, hitzefeste Form sehr dünn mit **Puderzucker** bestäuben, die Masse darin verstreichen und oben wieder so dünn wie möglich mit **Puderzucker** bestäuben.

24 Stunden offen trocknen lassen. Dann aus der Form lösen, in Quadrate schneiden und noch einmal mit möglichst wenig **Puderzucker** vermischen, damit die Kanten nicht allzu sehr kleben.

Als Varianten bieten sich TK-Erdbeeren, TK-Brombeeren oder eine TK-Beerenmischung an, die natürlich mit derselben Menge Zucker unterschiedlich süß ausfallen.

Zutaten

für etwa 30 Stück

- 400 g TK-Himbeeren
- 500 g Zucker
- 10 ml frisch gepresster Zitronensaft
- 10 g Pektinpulver
- Puderzucker zum Bestäuben

DR.
LECKER
Sahne
Bonbons
Aromatisiert
Oft mehr Palmöl als Sahne

Sahnebonbons

Eine Karamellnote für Feinschmecker
Ein Bonbon ist ohne Frage etwas Gutes. Das sagt im doppelten Sinn schon sein Name. Dabei besteht er in erster Linie aus Zucker und gerade dieser hat bei vielen nicht unbedingt den besten Ruf. Nicht zuletzt, weil sich allerlei Missverständnisse um seinen Wert ranken: Werbebotschaften wie „ohne Kristallzucker" oder „nur mit Fruchtzucker" wecken den Eindruck, es gebe guten und schlechten Zucker. Das allerdings stimmt so nicht. Egal, ob Fruchtzucker, Rohrohrzucker oder der klassische Haushaltszucker – sie alle haben 4 Kilokalorien pro Gramm, praktisch keine Nährstoffe und können Karies verursachen.

Glukosesirup: manchmal besser als sein Ruf
Die verschiedenen Erscheinungsformen von Zucker haben allerdings durchaus unterschiedliche Eigenschaften. Mag auch Glukosesirup wegen seiner technischen Herstellung aus Mais- oder Weizenstärke nicht gerade als Qualitätszutat gelten, Bonbons verdanken seinem Zusatz eine homogene Struktur, frei von unerwünschten Zuckerkristallen. Denn anders als in wässrigen Zuckerlösungen findet in ihm nahezu kein Kristallisationsprozess statt. Glukosesirup ist deshalb in der Bonbonherstellung – ob in der Industrie oder zu Hause – praktisch unverzichtbar. Das wiederum lässt sich über die Emulgatoren wie Sojalecithin, die ebenfalls für eine homogene Konsistenz sorgen und oft in der Industrieware enthalten sind, nicht sagen.

Sahnebonbons können ein reines Vergnügen sein
Genauso wenig sind Aromazusätze oder farbgebende Zusätze in Bonbons ein Muss. Und das schon gar nicht in Sahnebonbons. Sie nämlich erhalten ihre süßlich-würzige Karamellnote wie auch ihre typische Bräunung ganz automatisch beim gemeinsamen Kochen von Zucker und Sahne. Schon bei Temperaturen weit unter 150 °C – wenn also die Karamellisierung von Saccharose, das heißt Haushaltszucker, längst noch nicht beginnt – karamellisiert der Milchzucker, der natürlicherweise in Sahne enthalten ist. Parallel dazu reagiert das Milcheiweiß der Sahne mit dem Zucker, wobei ebenfalls karamellähnliche Bräunungs- und Aromastoffe entstehen. Je nach Dauer und Höhe der Hitzezufuhr unterscheidet sich die Konsistenz der Sahnekaramelle. Ein Bonbon für alle Bonbonköche, die ihren persönlichen Vorlieben freien Lauf lassen können, wo die Industrie nur Standardware liefert.

Zuckeraustauschstoffe
Als zuckerfrei beworbene Bonbons enthalten Zuckeraustauschstoffe wie Xylit, Sorbit oder Mannit. Sie binden Wasser im Darm. Deshalb ist der Hinweis „Kann bei übermäßigem Verzehr abführend wirken." bei Einsatzmengen von mehr als 10 g pro 100 g Pflicht.

MEER
SALZ
MEERSALZ
ROH
ROHR
ZUCKER
BIO
Schlag-
sahne
32 % Fett
200 g
GLUKOSE
SIRUP

Sahnebonbons

Eine hitzefeste Form mit etwa 20 × 12 cm Kantenlänge mit Alu- oder Frischhaltefolie auslegen. **Alle Zutaten** in einem Topf mit ca. 2,5 l Fassungsvermögen erhitzen und rühren, bis sich Salz und Zucker aufgelöst haben. Die Platte auf starke Hitze schalten, die Flüssigkeit aufkochen und bei starker Hitzezufuhr weiterkochen. Das Zuckerthermometer in den Topf stecken und beobachten, wie die Hitze steigt.
Wenn nach rund 15 Minuten die Kochtemperatur von 115 °C erreicht ist (Soft Ball), die Hitze abschalten und die Masse mit einem Schneebesen kräftig durchrühren. Dann 5 Minuten stehen lassen.
Die Bonbonmasse in die Form gießen und lediglich durch Schwenken der Form gleichmäßig verteilen. 1 Stunde auf einem Kuchengitter abkühlen lassen. Aus der Form auf ein Holzbrett stürzen und mit einem schweren Messer in rechteckige Stücke schneiden. Über Nacht vollständig auskühlen lassen und in luftdichten Dosen aufbewahren.

Karamelltoffees

Für Karamelltoffees kochen Sie die Masse lediglich bis zu einer Maximaltemperatur von 100 °C, dann bleiben die Toffees weich genug zum Kauen.

Zutaten

für ca. 50 Stück

250 g Rohrohrzucker
30 g Glukosesirup
200 g Sahne
50 g Butter (siehe Seite 81)
3 g Meersalz

Achtung

Zu Beginn des Kochens schäumt die Bonbonmasse sehr stark auf, deswegen einen relativ großen Topf verwenden.

Wie immer, wenn Sie Zucker kochen: Seien Sie vorsichtig wegen der hohen Temperaturen und der klebrigen Konsistenz der heißen Masse!

Bonbons ziehen wegen ihres hohen Zuckergehalts Wasser und kleben deshalb leicht aneinander. Aufbewahrt werden sollten sie luftdicht verschlossen, am besten einzeln verpackt. Die Industrie verhindert das Aneinanderkleben mit Trennstoffen, etwa Bienenwachs.

Farbstoffe
Aromen
DR. LECKER
PINK & WHITE
Marshmallows
Neues
Noch fluffiger
Rezept

Marshmallows

Aufgeblasene Zuckermasse mit künstlichem Geschmack

„Moor-Malve", so müssten die Marshmallows starr übersetzt ins Deutsche heißen. Denn „marsh" heißt nichts anderes als „Moor", dessen typische Struktur klar auf die knautschig-lockere Konsistenz der Süßigkeit anspielt, und „mallow" ist der englische Begriff für Pflanzen aus der Familie der Malvengewächse. Deren Verbindung zu den Marshmallows ist nur noch historischer Natur. So verdanken die Urahnen der heutigen Marshmallows ihre spezielle Struktur dem Einsatz eines feinklebrigen Saftes dieser Pflanzen. Heute wird dieser Rohstoff in der Regel durch Gelatine ersetzt. Weitere Zutaten gängiger Industrieprodukte sind Zucker, Stärke, dazu Aromen, gegebenenfalls Farbstoffe. An dieser Zusammensetzung lässt sich auch beim Selbermachen nur wenig rütteln, will man die Produktcharakteristik erhalten. Doch wenig ist bekanntermaßen mehr als nichts.

Marshmallows leben von Luft und Zucker

Davon abgesehen sind es ohnehin weniger die Zutaten, die Marshmallows zu dem machen, was sie sind, sondern deren spezielle Verarbeitung. Marshmallows zählen zu den sogenannten belüfteten Süßwaren. Je nachdem, ob größere oder kleinere, mehr oder weniger Luftbläschen in der Zuckermasse eingeschlossen sind, variiert das Mundgefühl, das heißt die Geschmackswahrnehmung der Produkte. Der industrielle Herstellungsprozess, bei dem – vereinfacht dargestellt – eine wässrige Lösung aus Zucker und Glukosesirup durch Hitze aufkonzentriert und unter Zugabe einer Eiweißlösung mit Pressluft aufgeschlagen wird, ist – anders als das Ergebnis vielleicht vermuten lässt – keine Hexerei. Stabil wird die Mischung praktisch von selbst, durch Auskühlen verfestigt sie sich irreversibel. Mit ein bisschen Geschick gelingt die Marshmallow-Herstellung also auch in der eigenen Küche.

Experimentierfreude jenseits des Reagenzglases

Dann kann dem zugegebenermaßen wenig naturnah anmutenden Schaumzuckerprodukt doch noch ein Hauch von Natürlichkeit verliehen werden. Denn statt des Einheitsaromas können genauso gut geschmacksgebende Zutaten wie Zitronensaft oder Erdbeeren verwendet werden. Und das wiederum weckt vielleicht auch die Neugier all derjenigen, die der Zuckermasse eigentlich so gar nichts abgewinnen können.

Luftig, nicht leicht

Wegen ihrer vergleichsweise geringen Dichte von 300 bis 500 g pro Liter wirken die Marshmallows wie ein leichter Genuss. Doch mit ihrem Zuckergehalt von rund 70 Prozent sind sie wahre Kalorienbomben.

Gebackene Marshmallows

Kurz gebacken, karamellisiert der Zucker an der Oberfläche, während der Kern der Süßware noch zart schmelzender wird.

Für Marshmallows brauchen Sie eine gute Küchenmaschine mit starkem Motor.

Marshmallows

Diese Marshmallows sind so sensationell, was Schaumigkeit und natürliches Aroma angeht, dass der seriöse Vergleich mit gekauften Marshmallows sich von selbst ad absurdum führt.

Das **Gelatinepulver** in 150 ml Wasser auflösen und 5 Minuten quellen lassen. Dann mit der Hälfte des **Glukosesirups** vermischen und in einem kleinen Topf sanft erwärmen, bis sich Glukosesirup und Gelatine aufgelöst haben. Sofort in die Rührschüssel der Küchenmaschine umfüllen.

Den **Rohrohrzucker,** das **Salz** und den restlichen **Glukosesirup** mit 50 ml Wasser in einem Topf erhitzen und dabei rühren, bis die Flüssigkeit klar geworden ist. Bei starker Hitze aufkochen, das Zuckerthermometer hineinstecken und so lange kochen, bis die Masse 115 °C (Soft Ball) erreicht hat. Die Platte abschalten und den Topf 2 Minuten stehen lassen.

Die Glukose-Gelatine-Mischung mit der Küchenmaschine bei niedriger Geschwindigkeit langsam zu rühren beginnen. **Vanilleextrakt** dabei zugeben. Die heiße Zuckermischung vorsichtig dazugießen. Auf mittlere Geschwindigkeit erhöhen, bis die Masse deutlich an Volumen zulegt, das dauert rund 5 Minuten. Auf höchste Geschwindigkeit stellen und noch 3–4 Minuten rühren, bis das Massevolumen noch einmal deutlich zugelegt hat. Richtig ist die Masse, wenn sie sehr dickcremig ist und sich kaum noch vom Quirl lösen will oder eben nur relativ zäh.

Puderzucker und **Stärke** mit einem Löffel durch ein Sieb passieren und in ein Glas umfüllen. Eine etwa 30 × 20 cm große, hitzefeste Form mit einem Teil dieser Mischung ausstreuen. Die Zuckermasse in der vorbereiteten Form verstreichen und an einem kühlen Ort 8 Stunden offen trocknen lassen.

Nach der Kühlzeit die Oberfläche der Masse mit weiterer Puderzuckermischung bestäuben. Marshmallowkissen vorsichtig aus der Form lösen und nach eigener Vorliebe in Würfel, Rechtecke oder Rauten schneiden. Nochmals mit der Puderzuckermischung verwirbeln, damit die Schnittkanten nicht kleben. Wieder 12 Stunden offen trocknen lassen, dann in Dosen oder Gefrierbeuteln aufbewahren.

Zutaten

für ca. 40 Stück

15 g Gelatinepulver
100 g Glukosesirup
150 g Rohrohrzucker
1 g Meersalz
5 g Bourbon-Vanilleextrakt

Außerdem

50 g Puderzucker
50 g Maisstärke

Varianten

Für Zitronen-Marshmallows rühren Sie das Gelatinepulver mit 50 ml Zitronensaft, der abgeriebenen Schale von einer Biozitrone und 100 ml Wasser an und erhöhen die Rohrzuckermenge auf 180 g sowie die Wassermenge für den Zuckersirup auf 100 ml.

Für Erdbeer-Marshmallows rühren Sie 20 g Gelatine mit 250 g pürierten Erdbeeren (auch aufgetaute TK-Früchte) und 100 ml Wasser an. Die Rohrzuckermenge liegt bei 120 g und die Wassermenge für den Sirup bei 100 ml. Der Vanilleextrakt entfällt.

Achtung

Wie immer, wenn Sie Zucker kochen: Seien Sie vorsichtig wegen der hohen Temperaturen und der klebrigen Konsistenz der heißen Masse!

Säuerungsmittel
Antioxidationsmittel
Aromatisiert
Säureregulator
DR. LECKER
ICE TEA
ZITRONE

Eistee

Eistee: erfrischend, aber nicht frisch aufgebrüht

Heiß oder auf Eis – in beiden Varianten kann Tee ein wahrer Genuss sein. Während allerdings das Heißgetränk unbestritten frisch aufgebrüht sein muss, enthält industriell erzeugter Eistee in der Regel Tee-Extrakt. Das ist eine wässrige Teelösung, die extrahiert, konzentriert und sprühgetrocknet ist. Manche Eistees enthalten auch Tee-Auszüge. Und tragen dann die Werbebotschaft „frisch aufgebrüht". Wie frisch, das sei dahingestellt. Denn rechtlich definiert ist der Begriff nicht.

Fertigeistee: verdächtig lange Zutatenlisten

Klassischer Eistee enthält drei Zutaten: schwarzen Tee, Zucker und Zitrone. Der Fantasie aber sind keine Grenzen gesetzt. Ob grüner Tee, Pfefferminze oder Zitronenmelisse, Waldfrucht oder Mango – gemischt werden darf, was schmeckt. Ein Blick in die oft langen Zutatenlisten industriell erzeugter Eistees allerdings zeigt: Beim Geschmack wird meist kräftig nachgeholfen. Kaum ein Industrieprodukt kommt ohne Aromazusätze aus. Damit Fruchtabbildungen auf der Packung keinen Täuschungsvorwurf wecken, enthalten viele Produkte zwar Fruchtbestandteile, oft aber in eher homöopathischen Dosen. Ihre säuerliche Note verdanken die Getränke dem Zusatz von Zitronensäure. Sie kann den pH-Wert des Speichels herabsetzen, sodass der Zahnschmelz angegriffen wird. Eine Wirkung allerdings, die genauso beim Verzehr saurer Früchte und Säfte besteht.

Ein frischer Aufguss lässt sich nicht konservieren

Die Frische des Aufgusses bestimmt das besondere Aroma von Tee. Da gilt auch für Eistee. Beim Selbermachen lässt sich der gewünschte Umschwung von heiß auf kalt beschleunigen, indem frisch aufgebrühter Tee-Aufguss über etwa die gleiche Menge Eiswürfel gegossen wird. So ist der selbst gemachte Eistee blitzschnell fertig. Außerdem bewahrt der Tee durch diese Schockkühlung sein typisches Aroma und seine Farbe. Schließlich sind Aromastoffe leicht flüchtig und gehen deshalb beim langsamen Abkühlen eher verloren. Ein weiterer Vorteil der Eigenkreation: Je nach Wahl des Tees lässt sich das Aroma individuell bestimmen. Wer es kräftiger im Geschmack mag, verwendet würzige Sorten wie Assam oder Ceylon. Der blumige Darjeeling entfaltet dagegen ein mildes Aroma. Solch individuelle Geschmacksnuancen kann die Industrieware mit ihren auf Einheitsgeschmack getrimmten Mischungen kaum bieten.

Teequalitäten

Die Blattgrade informieren über das Aussehen und die Größe der Blätter und ihre Reihenfolge am Trieb. Je höher sie dort sitzen, umso feiner ist in der Regel ihr Aroma. Der oberste Trieb wird als Flowery Orange Pekoe (FOP) bezeichnet, gefolgt von Orange Pekoe (OP). Blatttees und Broken-Tees unterscheiden sich in ihrer Qualität grundsätzlich nicht.

Instanttee

Der Handel bietet auch Eisteeprodukte in Form von Granulaten, die mit kaltem Wasser gelöst werden können. Bei ihnen dient der Zucker praktisch als Trägerstoff für den Tee-Extrakt und die Aromazusätze.

Tee richtig zubereiten

Je länger Tee zieht, umso bitterer wird er. Wer einen intensiveren Geschmack bevorzugt, sollte lieber mehr Tee verwenden.

BITTER
ORANGEN
MARMELADE
mit Schale
ROHR
ZUCKER

Eistee

Wie gut diese Eistees schmecken, hängt natürlich auch von der Qualität der verwendeten Teesorten ab. Gönnen Sie sich also mindestens die Qualitätsstufe „Broken Orange Pekoe".

Eistee mit frischer Minze und Zitronenmelisse

Minze und **Zitronenmelisse** waschen, trocken schütteln und grob schneiden. Zusammen mit den **Teeblättern** in einen Topf legen, dann mit 1 l kochendem Wasser übergießen und 10 Minuten ziehen lassen. Den **Zucker** einrühren, bis er sich aufgelöst hat.

Den Tee durch ein Sieb abgießen, abkühlen lassen und im Kühlschrank kalt stellen.

Am besten schmeckt der Tee eigentlich gut gekühlt, so wie er ist. Wenn Sie ihn lieber mit Eiswürfeln trinken, müssen Sie ihn etwas kräftiger zubereiten, weil das schmelzende Eis ihn verdünnt.

Zutaten

für ca. 1 l

10 frische Minzeblättchen

2 Zitronenmelissestängel

2 TL schwarze Teeblätter (am besten Darjeeling)

2 gehäufte EL Rohrzucker

Eistee mit Orangenmarmelade

Die **Minze** waschen und trocken schütteln. Zusammen mit den **Teeblättern** und dem **Rohrzucker** in einen Topf legen und 1,5 l kochendes Wasser darübergießen, dann einmal umrühren.

Den Tee 3 Minuten ziehen lassen, anschließend die **Orangenmarmelade** in ein anderes hitzefestes Gefäß geben und den Tee darübergießen. Zugedeckt ganz abkühlen lassen, durch ein Sieb abgießen, in Flaschen abfüllen und in den Kühlschrank stellen.

Zutaten

für ca. 1,5 l

6 Minzestängel

3 EL English Breakfast Tea

2 EL Rohrzucker

2 EL bittere Orangenmarmelade mit Schalen

Tipp

Wenn Sie den Eistee mit Eiswürfeln trinken wollen, reduzieren Sie die Wassermenge auf 1,2 l. Es sei denn, Sie mögen ihn generell lieber etwas dünner.

Tee sollte kühl, trocken und luftdicht gelagert werden. Dazu eignen sich Behälter aus Porzellan, Metall oder Glas. Gut verschlossen, kann schwarzer Tee bis zu zwei Jahre gelagert werden.

Säuerungsmittel
Glukose-Fruktose-Sirup
Aromen
Die Echte
DR. LECKER
Die Echte
LIMONADE
Orangengeschmack
0,7 l

Limonade

Limonaden und ihre bucklige Verwandtschaft

„Lemon nata" – aus der Zitrone geboren. Die Zitronenlimonade ist der Prototyp alkoholfreier Erfrischungsgetränke. Wasser, Zucker, Zitronenbestandteile – das sind ihre urtypischen Zutaten. Heute sind es eher die Fruchtsaftgetränke, von denen ein Maximum an Natürlichkeit erwartet werden kann. Parallel dazu buhlt ein mannigfaltiges Angebot von Erfrischungsgetränken um die Gunst des Käufers. Anders als die Werbebotschaften und Fruchtabbildungen dieser Produkte bisweilen erwarten lassen, ist es mit der natürlichen Herkunft ihrer Zutaten oft nicht allzu weit her.

Erfrischungsgetränke: Nicht alles, was glänzt, ist Gold

Im Volksmund wird der Begriff „Limonade" – oder kurz „Limo" – gern für alle möglichen alkoholfreien Erfrischungsgetränke mit fruchtigem Geschmack verwendet. Wer genauer auf das Etikett schaut, stellt fest: Natur pur, wie es eigentlich die Tradition klassischer Limonaden ist, gibt es nur noch selten. Weitaus häufiger hat man es mit irgendwie gearteten Erfrischungsgetränken zu tun, meist mit Aromazusätzen. Bei ihnen ist, anders als bei den als Fruchtsaftgetränken bezeichneten Produkten, der natürliche Ursprung der Zutaten kein Pflichtprogramm. Auch bei den Limonaden ist dieses traditionelle Grundprinzip aufgeweicht. Große Fruchtanteile darf man hier ohnehin nicht erwarten. Immerhin: Aromatisiert werden sie nur mit Aroma-Extrakten oder Aromen, die laut Gesetz als natürlich gelten. Bis auf Farbstoffe darf aber grundsätzlich die gesamte Klaviatur der Zusatzstoffe eingesetzt werden – Süßungsmittel anstelle von Zucker oder Säuerungsmittel.

Streitpunkt: Fruchtabbildungen auf dem Etikett

Naturgetreue Fruchtabbildungen dürfen nach allgemeiner Verkehrsauffassung nur auf das Etikett, wenn tatsächlich ein entsprechender Fruchtbestandteil im Getränk enthalten ist. So steht es – wenn auch rechtlich unverbindlich – in den Leitsätzen des deutschen Lebensmittelbuches für Erfrischungsgetränke. Liegt der Fruchtanteil im Getränk unter 3 Prozent oder stammt sein Geschmack gar ausschließlich aus Aromen, muss der Hinweis „mit ...-Geschmack" oder „mit ...-Aroma" in Verbindung mit der Abbildung gut sichtbar sein. Klarheit über die Zusammensetzung bietet auch die Zutatenliste. Noch mehr Klarheit – und dazu besonderen Genuss – hat allerdings, wer selbst zum Kochlöffel greift.

Zucker

Limonade enthält nach den Leitsätzen für Erfrischungsgetränke mindestens 7 Prozent Zucker. In der Praxis meist mehr. Für andere Erfrischungsgetränke, etwa Fruchtschorlen oder -brausen, gibt es keinen Mindestzuckergehalt.

Zitronensäure

Viele Erfrischungsgetränke enthalten Zitronensäure. Sie kann den pH-Wert des Speichels herabsetzen, sodass der Zahnschmelz angegriffen wird. Diese Wirkung besteht allerdings unabhängig davon, ob Zitronensäure als Bestandteil von Zutaten wie Zitronensaft oder als zugesetztes Säuerungsmittel in das Getränk gelangt.

Brausen

Brausen sind kohlensäurehaltige Erfrischungsgetränke, die im Unterschied zu Fruchtsaftgetränken, Fruchtschorlen und Limonaden Aromen beliebigen Ursprungs und Farbstoffe enthalten.

ZUCKER

Limonade

Zutaten
für 2 Flaschen à 1 l

3 Biozitronen
2 Bioorangen
200 g Zucker

Zitronen und **Orangen** heiß abwaschen und mit einem Sparschäler so dünn schälen, dass das Weiße nicht mit entfernt wird.
Den **Zucker** mit 250 ml Wasser 5 Minuten zu einem dünnen Sirup kochen, dann die Hitze abschalten, die Zitrusschalen zufügen und darin etwa 15 Minuten ziehen lassen.
Die Zitrusfrüchte auspressen. 1,25 l Wasser zum Kochen bringen und mit dem Saft zum Schalensirup schütten. Alles zusammen abgedeckt mindestens 12 Stunden ziehen und abkühlen lassen.
Die Schalen abgießen, die Limonade in Flaschen abfüllen und in den Kühlschrank stellen.

Die finale Süße dieser Limonade kann man vor dem Abkühlen der Flüssigkeit noch beeinflussen. Entweder noch etwas mehr Zucker darin auflösen oder noch etwas mehr Zitronen- oder Orangensaft zufügen.

Lagerung und Haltbarkeit

Angebrochene Erfrischungsgetränke gehören in den Kühlschrank und sollten innerhalb von zwei bis drei Tagen getrunken werden.

Mehr Saft als ganze Früchte
Billiger Apfel oft Hauptzutat
Ballaststoffe eher Mangelware
DR. LECKER
frucht smoothie
MANGO BANANE
250 ml

Frucht-Smoothies

Nur ganze Früchte liefern auch das ganze Ballaststoffspektrum

Erlaubt ist, was schmeckt. So einfach ist im Grunde die Devise bei Frucht-Smoothies. Verkauft in Fertigpackungen ist noch eine andere Regel wichtig: Die Produktaufmachung darf nicht täuschen. Ob allerdings Fruchtabbildungen oder sonstige werbliche Hervorhebungen von Exoten wie Mango und Maracuja täuschend sind, wenn tatsächlich mehr Apfel oder Banane im Produkt steckt, darüber streiten Verbraucherschutz- und Wirtschaftsvertreter seit geraumer Zeit. Klar ist nur so viel: Der Blick ins Zutatenverzeichnis gibt Aufschluss, wie viel von jeder Frucht wirklich drin ist.

Ballaststoffe: in Industrie-Smoothies oft Mangelware

Allerdings ist ohnehin nicht alles, was einen Smoothie typischerweise ausmacht, in den Fertigerzeugnissen auch enthalten. Denn sie werden in der Regel nicht aus ganzen Früchten hergestellt, sondern aus Fruchtmark, -püree und -saft. Mitunter werden Konzentrate eingesetzt. Dank schonender Verarbeitungsprozesse gelingt es zwar, neben Mineralstoffen auch Vitamine und andere sekundäre Pflanzeninhaltsstoffe weitgehend zu erhalten. Die ernährungsphysiologisch wichtigen Ballaststoffe aber stecken vor allem in den Zellwänden und sind deshalb insbesondere in Fertigprodukten mit hohem Saftanteil Mangelware. Apfel- und Bananenzusätze sorgen derweil für ein kleines technologisches Wunder: Das in Apfel natürlicherweise enthaltene Pektin bzw. Bananenstärke wirkt als natürliches Verdickungsmittel und verleiht auch diesen Produkten ihre Sämigkeit und damit ihr typisches Mundgefühl.

Fertigware ist kein Obstersatz

Durch Verwendung von Konzentraten erhöht sich die Energiedichte der Fertigsmoothies, sodass von Obstersatz, anders als manche Werbung vermuten lässt, kaum die Rede sein kann. Wer wirklich frische, unverfälschte und auch sättigende Smoothies genießen will, sollte deshalb selbst den Mixer anwerfen. Werden Smoothies aus ganzen Früchten hergestellt, entspricht ihr Volumen praktisch dem von Frischobst. Dann ist ihr Sättigungseffekt und auch ihr Nähr- und Ballaststoffgehalt – sofern die schlechte Trinkbarkeit in Kauf genommen und kein Saft dazugegeben wird – dem vom Frischobst vergleichbar.

Konsistenz

Bananen, Aprikosen, Pflaumen, Äpfel, Birnen und Mangos liefern ein sehr dickes Püree, das man eher löffeln als trinken kann. Sie lassen sich deshalb gut mit wasserhaltigen Früchten wie Melonen, Beeren und Kiwis kombinieren.

Milchiges

Ein Schuss Joghurt, Buttermilch und Kefir machen einen Smoothie schön cremig. Milch eignet sich bei säurereichen Mischungen weniger gut, weil sie im sauren Milieu leicht gerinnt. Auch der Zusatz von Milchalternativen wie Kokosmilch, Soja- oder Getreidedrinks ist möglich.

Zutatenwahl und Lagerung

Je frischer die Früchte, umso besser, da sich viele Nährstoffe des Obstes während der Lagerung abbauen. Im zubereiteten Smoothie geht dieser Vorgang noch schneller, weil der Schutz durch Zellwände und Schale fehlt. Aus diesem Grund sind Smoothies auch recht anfällig für mikrobiellen Verderb. Deshalb gilt: Smoothies am besten direkt nach der Zubereitung verzehren. Eine Lagerung sollte in geschlossenen Gefäßen im Kühlschrank über höchstens 24 Stunden erfolgen.

BIO
BUTTER
MILCH
nur 1% Fett
KANADISCHER
Ahornsirup
Grad AA
250 ml

Frucht-Smoothies

Dieser Mix liefert alles, was ein gelungener Smoothie braucht: die feine Fruchtigkeit der reifen Mango, die gehaltvolle Avocado für samtige Textur und die Buttermilch für eine erfrischende, weiche Säure, die durch den Ahornsirup perfekt abgerundet wird.

Mangosmoothie mit Avocado und Buttermilch

Mango und **Avocado** schälen und die Kerne entfernen. Das Fruchtfleisch zunächst mit der Hälfte der **Buttermilch** im Mixer sehr fein pürieren. **Ahornsirup** und die restliche **Buttermilch** dazugeben und noch einmal gründlich durchmixen.
Falls Ihnen der Smoothie so zu dick sein sollte, können Sie ihn noch mit etwas **Milch** verdünnen.

Zutaten

für ca. 1 l

300 g reife Mango
200 g Avocado
500 ml Biobuttermilch
50 ml heller Ahornsirup
etwas Milch nach Belieben

Tipp

Auch Blattgemüse wie Spinat und Mangold, Blattsalate oder Kräuter, beispielsweise Sauerampfer oder Zitronenmelisse, könnten schmackhafte Smoothie-Zutaten sein.
Sie sollten am besten mit gelbfleischigen Obstarten gemixt werden. Denn rote Früchte ergeben mit dem Blattgrün ein eher unappetitliches Braun.

Glossar

Antioxidationsmittel können chemisch sehr reaktive Stoffe gewissermaßen einfangen und verhindern so etwa das Ranzigwerden von Fetten oder verbessern die Farbstabilität. Viele wirken gleichzeitig konservierend oder säuern das Produkt. Der Einsatz mehrerer Antioxidationsmittel in einem Produkt ermöglicht bei geringerer Konzentration eine bessere Wirkung.

Aromen sind komplexe Gemische aus Aromastoffen. Als natürlicher Bestandteil von Lebensmitteln prägen sie dessen Geschmack. In der industriellen Produktion werden sie gezielt eingesetzt. Je nach Art ihrer Herstellung und Herkunft werden Aromen unterschiedlich bezeichnet. Der Begriff „Aroma" ist der Oberbegriff. Natürliche Aromen stammen aus einer natürlichen Quelle. Das können Lebensmittel sein oder natürliche Rohstoffe, etwa Lignin, ein Bestandteil von Holz. Nur wenn zusätzlich ein Lebensmittel benannt wird, zum Beispiel „natürliches Apfelaroma", dann muss das Aroma auch aus diesem Lebensmittel stammen – zumindest zu 95 Prozent. Die restlichen 5 Prozent können aus Aromastoffen anderen Ursprungs bestehen. Sie dienen zur Geschmacksabrundung. Steht „Apfelaroma" in der Zutatenliste, heißt das nur, dass das Aroma nach Apfel schmeckt. Mit echten Äpfeln hat das nahezu nichts zu tun.

Backpulver lockert Gebäcke durch Freisetzung von Kohlendioxidgas. Dieses stammt meist aus Natriumcarbonat (E 500) oder Kaliumcarbonat (E 501). In Gegenwart von Wasser und Säuerungsmitteln, oft Dinatriumdihydrogendiphosphat (E 450a) oder Monocalciumorthophosphat (E 341a), wird das Gas freigesetzt.

Carotin kann aus Pflanzen isoliert oder mithilfe gentechnisch veränderter Organismen gewonnen werden. Der orangerote Farbstoff gibt Lebensmitteln wie Zitronenkuchen oder Vanillepudding den letzten Farbschliff. Ein zu hoher Verzehr kann zu Ablagerungen in der Haut, in der Leber und im Körperfett führen.

Dextrose ist eine alternative Bezeichnung für Glukose oder Traubenzucker.

Emulgatoren ermöglichen Mischungen wasser- und ölhaltiger Komponenten, sie verhindern die Schaumbildung beim Kochen und verbessern das Mundgefühl. Kaum ein Industrieprodukt kommt ohne sie aus. Zutaten wie Eigelb, Senf oder Leber wirken von Natur aus emulgierend.

Enzyme sind natürlicherweise in Lebensmitteln enthalten. Zu spezifischen technologischen Zwecken werden sie in der Industrieproduktion aber auch in isolierter, teils gentechnisch oder anderweitig modifizierter Form eingesetzt. Nach dem Willen des EU-Gesetzgebers sollen sie eigentlich schon längst in der Zutatenliste erkennbar sein. Noch aber scheitert diese Pflicht an den Mühlen der Bürokratie.

Extrakte sind Stoffgemische, die durch selektive Anreicherung charakteristischer Bestandteile aus einem bestimmten Ausgangsmaterial, zum Beispiel Tee, Gewürze oder Hefe, meist unter Verwendung von Wasserdampf oder (Extraktions-)Lösemitteln gewonnen werden.

Färbende Pflanzenextrakte sind eine Alternative für Farbstoffe, die als Zusatzstoffe gelten. Während diese durch selektive Extraktion von Farbpigmenten gewonnen werden und einen gesetzlich definierten Reinheitsgehalt aufweisen müssen, handelt es sich bei färbenden Pflanzenextrakten um Mischungen, die je nach Anwendungsbereich unterschiedlich stark aufgereinigt sind. Färbende Pflanzenextrakte gelten als Zutat, nicht als Zusatzstoff.

Färbendes Gewürzextrakt wirkt geschmacksprägend und färbend in einem. Gewürzextrakte sind aufgereinigte Auszüge aus Gewürzen, in denen sich die wertgebenden Inhaltsstoffe der Pflanzenteile, wie Gewürzöle sowie andere Geschmacks- und Scharfstoffe, befinden.

Sind bei ihrer Herstellung auch farbgebende Inhaltsstoffe enthalten, können sie zusätzlich färbend wirken.

Farbstoffe dürfen nicht täuschen. So etwa könnte eine gelbe Färbung in Nudeln einen höheren Eigehalt vortäuschen. Das ist verboten. Es sind sowohl synthetisch hergestellte Farbstoffe als auch solche natürlichen Ursprungs als Zusatzstoffe zugelassen. Immer mehr Industrieprodukte verdanken allerdings ihre Farbe färbenden Pflanzenextrakten. Dabei handelt es sich um Zutaten und nicht um zulassungspflichtige Zusatzstoffe. Eine Unterscheidung ist in der Praxis oft schwierig.

Festigungsmittel stabilisieren die natürliche Struktur organischer Zellen, etwa bei der Verarbeitung von Obst und Gemüse. Sie verbessern die Konsistenz der Produkte und Vitamine, Mineralstoffe und Aromen bleiben besser erhalten.

Feuchthaltemittel werden eingesetzt, damit Lebensmittel im Kontakt mit der Umgebungsluft nicht austrocknen. Sie finden sich in vielen Backwaren und Süßigkeiten. Wichtige Feuchthaltemittel sind Glycerin (E 422) und Sorbit (E 420). Bei Einsatzmengen von mehr als 10 Prozent müssen sorbithaltige Lebensmittel den Warnhinweis „Kann bei übermäßigem Verzehr abführend wirken." tragen.

Geschmacksverstärker stecken von Natur aus etwa in Fleisch, Käse und Tomaten. Als isolierte Stoffe sind die als Glutamate bezeichneten Verbindungen in der industriellen Produktion weit verbreitet. Die These, ihr Verzehr könne Unverträglichkeiten auslösen, lässt sich wissenschaftlich nicht belegen. Menschen, die empfindlich auf Histamin reagieren, vertragen aber auch Glutamat oft nicht.

Glukosesirup schmeckt süß und wird durch enzymatische Spaltung meistens aus Mais-, Kartoffel- oder Weizenstärke gewonnen. Es gibt auch Mischprodukte mit anderen Zuckerarten, etwa Glukose-Fruktose-Sirup. Die Produkte sind kostengünstiger als klassischer Zucker und bringen auch technologische Vorteile. So verhindern sie zum Beispiel eine Kristallbildung.

Hefeextrakt ist von Zellbestandteilen befreite Bäcker- oder Bierhefe. Er ist reich an Glutamaten und wird in der Industrieproduktion oft anstelle der als Zusatzstoff zugelassenen Geschmacksverstärker, der isolierten Glutamatverbindungen, verwendet. Das Marketing greift das gern durch fragwürdige Botschaften wie „Natur pur" auf.

Herkunftsinformationen sind nur auf ausgewählten, meist unverarbeiteten Agrarprodukten wie Obst, Gemüse, Fleisch oder Honig Pflicht. Manche Hersteller machen freiwillige Herkunftsangaben, die jedoch mitunter unklar sind und nicht halten, was sie auf den ersten Blick versprechen. Hier lohnt sich ein kritisches Hinterfragen.

Karamellzuckersirup ist karamellisierte Saccharose, also Haushaltszucker. Er verleiht Lebensmitteln einen süßlich-würzigen Geschmack und dazu eine Braunfärbung. Zuckercouleur gilt dagegen als zulassungspflichtiger Zusatzstoff (E 150a bis E 150d), der ebenfalls zur Braunfärbung von Lebensmitteln verwendet werden kann. Zur Herstellung wird Glukose unter kontrollierten Bedingungen erhitzt, sodass stabile und geschmacksneutrale Farbstoffe entstehen.

Maltodextrin wird aus Stärke gewonnen und ist eine Mischung kettenförmig aneinandergebundener Glukosemoleküle. Es wird zum Beispiel als Trägerstoff für Aromen verwendet, verhindert die Schaumbildung oder das Auskristallisieren von Zucker. Es dient auch als Stabilisator oder Füllstoff. Anders als chemisch modifizierte Stärke gilt Maltodextrin als Zutat und nicht als Zusatzstoff.

Malzmehle und Malzextrakte unterstützen die natürliche Gärung in der Brotherstellung, begünstigen aber auch die Dunkelfärbung des Endprodukts. Da diese Farbbeeinflussung jedoch nicht als

Glossar

primärer Einsatzzweck der Malzprodukte gilt, weisen Branchenvertreter den Vorwurf von Schönfärberei und die damit verbundene Vortäuschung höherer Vollkorngehalte von sich.

Mono- und Diglyceride der Speisefettsäuren sind als Emulgator ohne Höchstmengenbeschränkung für Lebensmittel allgemein zugelassen. Die Stoffe gelten als unbedenklich und gehen in den Fettstoffwechsel ein. Sie können mithilfe der Gentechnik hergestellt sein. Ob sie tierischen oder pflanzlichen Ursprungs sind, ist jedoch nicht erkennbar.

Palmöl ist besonders hitze- und oxidationsbeständig und dazu relativ kostengünstig. Es findet daher breiten Einsatz in der Lebensmittelindustrie. Den Preis zahlen Klima und regionale Bevölkerung, da für seine Gewinnung Regenwälder gerodet und Kleinbauern vertrieben werden.

Phosphate haben viele Funktionen: In Backtriebmitteln sorgen sie für die Freisetzung von Kohlendioxid, in Getränken dienen sie als Säuerungsmittel. In der Wurstherstellung erhöhen sie das Wasserbindungsvermögen und machen die Wurstmasse dadurch schnittfester. Wird schlachtwarmes Fleisch verwendet, erübrigt sich dieser Zusatz bei praktisch gleichem Ergebnis.

Säuerungsmittel verstärken einen sauren Geschmack und verlängern gleichzeitig die Haltbarkeit von Lebensmitteln, weil viele Mikroorganismen empfindlich auf Säure reagieren. Die klassische Alternative zu Säuerungsmitteln ist die Verwendung von Weinessig oder Zitronensaft. Deren natürliche Säuregrade sind jedoch variabler als diejenigen von chemisch definierten Stoffen wie Zitronen-, Milch- oder Essigsäure. Diese sind natürlichen Ursprungs, können aber auch mithilfe der Gentechnik hergestellt werden. Sie bieten unzählige Anwendungsmöglichkeiten, senken zum Beispiel den pH-Wert von Lebensmitteln und wirken daher keimhemmend. Einige verbessern auch die Backeigenschaften von Mehl, unterstützen die Umrötung von Fleisch oder verhindern das Gerinnen von Eiweißen.

Sorbit kommt natürlicherweise in vielen Früchten vor. Es hat die halbe Süßkraft von Haushaltszucker. Der Stoff zieht Feuchtigkeit aus der Luft und verhindert das Austrocknen von Lebensmitteln. Auch als Füllstoff wird es verwendet. Bei Einsatzmengen größer als 10 Prozent ist der Warnhinweis „Kann bei übermäßigem Verzehr abführend wirken." Pflicht.

Stabilisatoren können die Farbe, die Konsistenz oder die Struktur eines Lebensmittels bei längerer Lagerung erhalten. Sie werden vor allem in pastösen Lebensmitteln wie Desserts, Saucen, Brotaufstrichen oder Leberwurst eingesetzt.

Sulfit und Schwefeldioxid wirken gegen Hefepilze und Bakterien und verhindern dabei auch unerwünschte Braunverfärbungen. Die Verbindungen werden von körpereigenen Enzymen in der Regel schnell abgebaut. Über Übelkeit und Kopfschmerzen klagen Menschen, die zu wenig von diesem Enzym haben. Auch allergische und allergieähnliche Reaktionen (Pseudoallergien) sind bekannt.

Süßungsmittel schmecken süßer als Zucker, haben praktisch keinen Nährwert und wirken nicht kariogen. Die Stoffe dürfen nur bestimmten Lebensmitteln zugesetzt werden. Für alle zugelassenen Süßungsmittel gelten Höchstmengen. Einige ihrer Vertreter stehen im Verdacht, Krebs auszulösen oder seine Entstehung begünstigen zu können. Eindeutig belegt sind solche Zusammenhänge nicht. Generell empfiehlt sich ein mäßiger Konsum entsprechend gesüßter Lebensmittel. Auf vorverpackten Lebensmitteln ist gegebenenfalls der Hinweis „mit Süßungsmittel" Pflicht.

Verdickungsmittel machen Suppen, Saucen und Desserts dickflüssig. In kalorienärmeren Produkten sind sie eine Art Fettersatz. Da Stärke bzw. Mehl seine verdickende Wirkung nur in der Hitze entfaltet, kommen in der industriellen Produktion zum Beispiel modifizierte Stärken zum Einsatz, die auch kalte Flüssigkeiten eindicken.

Zitronensäure wird als Säuerungsmittel oder Antioxidationsmittel eingesetzt. Sie kann den pH-Wert des Speichels herabsetzen, sodass der Zahnschmelz angegriffen wird. Diese Wirkung besteht allerdings unabhängig davon, ob die Substanz als Bestandteil von Zutaten wie Zitronensaft oder als isolierter Zusatzstoff in ein Lebensmittel gelangt.

Zucker ist Geschmacksgeber und -träger, Lieferant schneller Energie und hat bindende Eigenschaften. Außerdem sorgt er in erhitzten Lebensmitteln für eine attraktive Bräunung und bildet im Zuge dessen Aromastoffe, die geschmacklich weit über seine klassische Süße hinausgehen. In industriell erzeugten Lebensmitteln findet man ihn weit häufiger in der Zutatenliste als vermutet. Auch seine Namen variieren – von Glukose über Dextrose, Ahornsirup bis zu Honig oder Invertzucker.

Zusatzstoffe gelten nach dem Gesetz auch als Zutaten, müssen aber zugelassen sein. Nur dann dürfen sie nach genau definierten Regeln, teils unter Beachtung von Höchstmengen eingesetzt werden. Sie dienen einem technologischen Zweck, der sich oft auch mit klassischen Zutaten oder Zubereitungsverfahren erreichen lässt. Das allerdings ist mitunter aufwendiger, teurer oder in der Massenproduktion nicht umsetzbar – deshalb der Einsatz von Zusatzstoffen. Zusatzstoffe werden mit einem Klassennamen versehen, der ihre Funktion beschreibt und wahlweise mit ihrem Namen oder ihrer E-Nummer gekennzeichnet ist, zum Beispiel „Farbstoff: Carotin" oder „Farbstoff: E 160a".

Zutaten sind alle Stoffe, einschließlich der Zusatzstoffe und zugesetzten Aromen und Enzyme, die zur Herstellung eines Lebensmittels verwendet werden und im fertigen Produkt unverändert oder verändert verbleiben. Sie müssen in mengenmäßig absteigender Reihenfolge in der Zutatenliste stehen.

Danksagung

Wir danken den beiden Autoren Dr. Christina Rempe und Helmut Gote sowie dem Illustrator Kay Bach für den herausragenden Einsatz für dieses Buch.

Wie bei kaum einem anderen Projekt vorher hat hier der eigene Anspruch der Autoren an die Qualität der Rezepte und den Informationsgehalt der Beiträge dazu geführt, die Messlatte während der laufenden Arbeit immer höher zu legen. So entwickelte sich sozusagen unterwegs die Ambition, dass die täglichen Lieblingslebensmittel nicht nur gesünder sein sollen als die industriell hergestellten Originale, sondern eben auch besser schmecken sollen. Auch die Informationen über die Zusatzstoffe in Lebensmitteln, die es eher zu vermeiden gilt, wurden mit eiserner Disziplin und viel Aufwand neu hinterfragt, was immer wieder zu neuen Bewertungen und umfangreichen Änderungen geführt hat. Einige erwiesen sich so als zu Unrecht in der medialen Aufmerksamkeit gebrandmarkt oder schlicht falsch bewertet. Was die Illustrationen im Buch betrifft, so hatte Kay Bach die Herkulesaufgabe, diesem lebhaften Projekt mit vielen und immer wieder neuen Entwürfen zu folgen. Herzlichen Dank an dieser Stelle für das gelungene Ergebnis und die unsagbare Geduld!

So ist am Ende ein Buch entstanden, das mit gut geprüfter Information ganz neue Geschmackserlebnisse ermöglicht, die Ihnen viel Freude machen sollen. Ich bin relativ sicher, dass Sie nie im Leben beispielsweise besseren Senf, besseren Ketchup, bessere Aioli, besseren Zitronenkuchen oder auch nur im Entferntesten so leckere Marshmallows (mit echtem Vanille-, Zitronen- oder Erdbeeraroma!) gegessen haben – um nur einige Leckereien hervorzuheben, die ich selbst probiert habe.

Der Verlag dankt darüber hinaus den Mitarbeiterinnen Johanna Hänichen, Justyna Krzyżanowska, Ellen Schlüter, Katharina Staal und Katerina Stegemann für ihren unermüdlichen Einsatz bei der Realisierung dieses Buches.

Ralf Joest
Verleger

Konservierungsstoffe
Maltodextrine
Phosphat
Stabilisatoren
Emulgatoren
Sulfite
Glukosesirup
Festigungsmittel
Aromen
Geschmacksverstärker
Feuchthaltemittel
Mono- und Diglyceride
Farbstoffe
Antioxidationsmitt
erwirrende Herkunftsinformationen
Säuerungsmittel
Mogelpackun
Verdickungsmittel
Palmöl

Autoren

HELMUT GOTE

Helmut Gote, geboren 1957, ist freier Journalist und Autor. Unter dem Titel „Einfach Gote" präsentiert er im WDR-Hörfunk und -Fernsehen seine besten Rezepte und Beiträge rund ums Kochen, Essen und Genießen.

DR. CHRISTINA REMPE

Dr. jur. Christina Rempe ist staatlich geprüfte Lebensmittelchemikerin und hat im Lebensmittelrecht promoviert. Nach ihrer Tätigkeit in der Qualitätsmanagementberatung in Lebensmittelbetrieben schreibt sie heute als freie Autorin Texte für Verbraucher und Multiplikatoren rund um das Thema „Lebensmittel".

KAY BACH

Kay Bach, Jahrgang 1963, lebt und arbeitet in Köln für diverse Verlage als freiberuflicher Grafikdesigner und Illustrator. Als leidenschaftlichem Hobbykoch und aufmerksamem Beobachter gesellschaftlicher Entwicklungen kam ihm die Idee zu „Hausmarke".

Originalausgabe Becker Joest Volk Verlag GmbH & Co. KG
Bahnhofsallee 5, 40721 Hilden, Deutschland

2. Auflage September 2016
ISBN 978-3-95453-096-0

Text Dr. jur. Christina Rempe
Rezepte Helmut Gote
Idee und Illustration Kay Bach, Köln
Umschlaggestaltung Justyna Krzyżanowska
Layout und Buchsatz Kay Bach, Köln
Lektorat Rezepte Bettina Snowdon
Lektorat Doreen Ludwig, Doreen Köstler
Projektleitung Johanna Hänichen
Projektmanagement Katerina Stegemann
Druck Firmengruppe Appl, aprinta druck GmbH

PRAKTISCH
Die Einkaufslisten zu den Rezepten aus diesem Buch können Sie unter www.bjvvlinks.de/7023 für die gewünschte Personenzahl berechnen und für Ihren Einkauf ausdrucken.

BECKER
JOEST
VOLK
VERLAG
www.bjvv.de